U0031108

人工智能：馴服賽維坦

ARTIFICIAL INTELLIGENCE: TAMING SEVIATHAN

高奇琦　著

人工智能
馴服賽維坦

高奇琦——著

中和出版
OPEN PAGE
中

CONTENTS
目錄

第二部分　人工智能時代的應對與選擇

第三部分　人工智能與未來

第八章　主奴辯證法與相互承認：試論人工智能戰勝人類的可能性

第九章　透明人與空心人：人工智能的發展對人性的改變

結語 馴服賽維坦：把握人工智能的發展方向

「人工智能熱」的「冷思考」

夏建白（中國科學院院士，中國科學院半導體研究所）

　　2017 年 7 月，國務院印發的《新一代人工智能發展規劃》明確指出，人工智能的迅速發展將深刻改變人類的社會生活、改變世界。那麼，如何從社會發展的角度認識人工智能的重要影響呢？高奇琦教授的《人工智能：馴服賽維坦》正是從社會科學的角度來討論人工智能未來發展的一本重要著作。作為一項顛覆性的技術，人工智能不僅會對未來的生產方式、就業結構和社會倫理產生極大的衝擊，也會對政府管理、經濟安全、社會穩定乃至全球治理等領域產生深刻影響。正如作者所指出的，多學科的參與是保障未來社會人工智能更好發展的前提。中國要在未來成為人工智能強國，不僅需要在基礎理論、核心算法以及關鍵設備上形成重大突破，還要形成有中國特色與中國風格的人工智能發展政策法規與社會科學理論體系。在邁向這個目標的發展進程中，高奇琦教授的這部著作可能會發揮重要的開拓性影響。

　　這本書的特點是用較為通俗的語言來介紹人工智能及其可能產生的社會影響。可以想見，本書將會受到廣大讀者的歡迎。人工智能是近幾年出現的

1

新生事物，人們在關心它的同時又對它持有各種各樣的看法。這本書就給大家提供了一個討論人工智能及其前途的平台。在對這本書給予肯定之外，我還想把我對人工智能的思考，結合社會上的一些觀點，在此提出來供大家討論。希望讀者在閱讀本書的時候，一邊考慮我所提出的問題，一邊與周圍的人討論。當然，正所謂「實踐是檢驗真理的標準」，這些問題的結論到底如何，還要看人工智能以後實踐的結果。前幾年人們還不相信機器與人類下圍棋能贏，在 AlphaGo 與世界頂級圍棋大師對弈並獲勝後，人們就徹底服氣了。我所強調的主要觀點如下：

第一，社會上的一些觀點可能過於強調了人工智能對就業結構帶來的衝擊。在我看來，人們還需要謹慎思考人工智能的優勢和不足。以小說為例，機器翻譯一些通俗小說也許行得通，但翻譯經典名著就令人難以接受。每一部小說都有其歷史背景和環境，每一位作家都有其風格和特點，這些東西只有通過優秀的翻譯家的翻譯才能領會。人們讀經典名著並不是只知道一個小說情節就滿足了。至於科學技術方面的書，我自己作為科技工作者，寧可閱讀外文原著也不看那些蹩腳的翻譯，遑論閱讀機器翻譯的科技書籍。

第二，社會上的一些觀點強調人工智能在詩歌創作以及藝術創造方面的能力。本書作者也提到了「百度寫詩」的案例，並指出人們很難分辨機器的作品和人類的作品。我個人認為人工智能在藝術領域的作為還非常有限。我估計書裡提到的「人們」都是年輕人，學習古詩的時間不長，鑑賞古詩的能力和水平相對有限。我相信真正懂古詩、有鑑賞能力的人，一看就知道詩的作者是誰、是在甚麼歷史背景下寫的、歌頌甚麼、鞭撻甚麼，因此也一定能夠分辨出機器寫的詩和唐朝詩人寫的詩之間的差異。

第三，機器學習依然無法替代人的學習。人工智能的發展，如搜索引擎和維基百科、論文自由下載等確實給廣大科技工作者帶來很大方便，省去了許多查找資料的時間。但是學習與科學研究，以及文學、藝術如寫小說、翻譯等都是個人行為，每個人有各自的基礎、興趣和愛好，機器並不能完全代

替這些東西。學習只能一個人專心鑽研，如錢鍾書那樣，才能真正學進去。依靠集體和機器幫助，只能學到一些皮毛而無法掌握其中的精髓。

第四，人們不應過於悲觀地看待人工智能對人類就業產生的衝擊。當然，現在人工智能剛開始發展，它造成的後果誰也不能預料。我認為，勞動分腦力勞動和體力勞動。有些腦力勞動能夠被機器代替，但關鍵的地方還需要人類自己的智慧。至於體力勞動，除了生產線上的機械人，其他如修建大橋、高樓、高鐵等是機器無法代替的。美國為甚麼自己修不了高鐵，不是技術不行，而是沒人幹這種辛苦的工作。

人工智能不是萬能的，並非在任何場合都適用。社會永遠存在差別，如貧富差別、知識程度差別。在日常社會生活中，一些社會服務，包括銀行、電訊，甚至餐飲業，都應該儘量照顧到大多數人的認知能力和知識水平。現在社會到處在積極推廣二維碼、支付寶、電子帳單等，這對城市裡的年輕人來說也許沒有問題，但對農村來的農民，以及包括我在內的城市老年人而言就有些無所適從。所以在大眾服務領域應該儘量採用通俗易行，便於大家學習、掌握的方法，而不能只開發那些陽春白雪、只有少數人能使用的高新技術。

人工智能的「第一性原理」

關新（寬資本創始人、董事長，奇點大學投資人）

　　人工智能時代可能是人類發展史上最大的「灰犀牛」事件。它的到來速度及衝擊會帶來哪些翻天覆地的變化？我們人類又該如何應對它的到來？《人工智能：馴服賽維坦》一書提供了全面的、發人深省的研究與預測。無論你視人工智能為洪水猛獸，或是認為它將會把人類社會領進共產主義，還是你對這個領域一無所知，都可以從這本書中獲取答案。高奇琦教授以他開闊的國際視野、嚴謹的科學論點以及深厚的智慧良知，為我們步入人工智能時代提出了極有深度的命題與思考，一定會對讀者在人工智能時代的自我定位產生積極的影響。

　　人工智能時代可能帶來的最大衝擊是在地球上突然出現了一個超越人類的新物種：機械人。這些機械人是人類的朋友還是天敵目前定論尚早。可以定論的是，由於人類的思維是線性的，而機械人的發展是指數性的，我們可能低估了這個新物種將要帶來的大變革。我們對人工智能及機械人的認知在很大程度上還停留在互聯網時代，認為人工智能就是大數據、機器學習以及

先進的算法。甚至有的人認為誰擁有數據，誰就將擁有人工智能的未來。我們必須看到這種認知是不全面的，同時更要指出的是，目前更龐大的人工智能系統正在尋找多項學科與行業的「第一性原理」。這可能會徹底顛覆我們在某些行業上的認知，甚至整個行業。因此，高教授提出人類應該向人工智能學習並且從各方面積極參與，因為誰擁有了未來行業的「第一性原理」，誰就具備了改造這個行業的最大創造力。

18 世紀海航定位的「第一性原理」是時間與角度，如今我們用它來導航；19 世紀飛行的「第一性原理」是速度而不是翅膀，現在人類比鳥兒飛得更高更快；遺傳學的「第一性原理」是 DNA（脫氧核糖核酸），我們用它改變基因而延長生命。機器學習的「第一性原理」是概率與算法，我們用它打敗天下圍棋高手。NASA 登陸火星的機械人「第一性原理」是人工智能模仿人類的判斷力，從而可以在沒有地面指示及缺乏數據的情況下進行大量的科學實驗。這些都是人類在掌握了事物的「第一性原理」後創造出奇跡的例子。我們可以期待人工智能時代的自動駕駛與飛行器、自動設計與拼成生產線、生物與機器結合的智慧腦、基因改變與人體器官打印、數字生命與財富及人類星際旅遊等行業在今後幾十年成為新興的行業。

人工智能時代是人的時代還是機器的時代？未來的自然科學與人工智能科學將向何方延伸？我們應該發明哪種智慧與哲學才能與機械人共贏？高奇琦教授在書中提出了「善智」的理論，也是本書的精華之一。用「善智」的哲學思想迎接人工智能的挑戰，是現代版的「天人合一」。中華民族要發揚傳統的智慧，並在敢於自我革命的勇氣下去跨界學習，不斷探索和創新人類與自然科學、智能科學、人機科學的「第一性原理」。我希望人工智能政策的制定者、時代「弄潮兒」以及被人工智能波及的人都能在此書的啟發下，積極利用時代賦予我們的智慧與手段去聯合創造一個嶄新的世界，一個以造福人類後代為目的的世界。這就是我所理解的「善智」。

引 言

參與性塑造：
人工智能社會科學的未來

為天地立心，為生民立命，為往聖繼絕學，為萬世開太平。

—— 張載（北宋理學家）

未來已經發生，但是尚未流行。

—— 威廉·吉布森（美國科幻作家）

人工智能時代，
社會科學不能只看熱鬧

　　人工智能時代的到來，帶來了政治、經濟和社會等各個領域的變遷，包括學術界、商界和政府在內的所有領域都將步入這種智能化的進程。同時，人工智能時代的到來也產生了新的議題和研究領域。那麼在這場顛覆性的革命中，人文社會科學領域的學者扮演着甚麼樣的角色呢？在我看來，在人工智能時代，人文社科領域的學者並不是一個被動的參與者，而是要在參與性塑造的基礎上，構建人工智能社會科學的未來。

人工智能只是屬於科技界的「熱鬧」？

　　眾所周知，人工智能的時代已經來臨。不僅一些大的軟件公司正在佈局人工智能，傳統的電腦製造商也紛紛向這一領域進軍。例如，IBM 公司通過收購以色列 Mobileye 公司，全力轉向智能汽車領域，Facebook 也在全力佈局人工智能的未來規劃。值得注意的是，目前全球市值排名前列的公司都在全力進軍這一領域，中國的互聯網巨頭也不例外。譬如，2017 年 2 月，國家發改委正式批覆由百度牽頭籌建深度學習技術及應用國家工程實驗室。在此之前的幾年時間裡，百度在人工智能領域已投資超過 200 億元人民幣，招募了上千名軟件工程師和開發人員，在人工智能汽車方面也取得了驕人的成績。2017 年 3 月 19 日，在日本東京舉行的世界電腦圍棋大賽決賽上，中國另一家科技巨頭——騰訊公司開發的人工智

能圍棋程序「絕藝」戰勝日本的「DeepZenGo」獲得冠軍。

簡言之，整個科技界都呈現出人工智能熱的圖景，而這種熱度也反映在幾次大的預言中。《未來簡史》一書指出，人工智能時代的來臨將會對未來的職業產生重要影響。在未來，有一些職業將會面臨衝擊，這些職業依次是：旅遊諮詢業、外文翻譯、律師助理、銀行保險。除此之外，還有預言描繪了未來的社會變化。例如，人類在十年之後將不再擁有汽車，自動駕駛的出租車會成為主流的景象。這將為城市騰出大量的空間，而這些空間將會被改造成公園，從而提升城市生活的舒適度。

與科技界的「熱鬧」不同，人文社會科學領域的學者似乎表現得很淡然。其實，這對人文社會科學而言，在某種意義上是一種窘境。目前的學術界似乎存在這樣一種邏輯：只有某個學科內的學者才有權利對該學科的問題發表看法。在一些人文社會科學學者看來，人工智能是自然科學研究的前沿領域，而人文社科在這一領域缺乏建樹，所以不能在這一領域評頭論足。這種觀點阻止了人文社會科學學者參與人工智能的討論。此外，人文社科學者相對「沉寂」的一個原因是，科技領域的發展進步日新月異，已經遠遠超出了傳統意義的思想家和哲學家思考的範圍。

在這場可能決定人類未來發展的大討論中，人文社科學者的缺席，顯然不利於人工智能的總體發展。例如有學者就指出，大數據的未來不能僅僅掌握在那些數據公司手中。人工智能和人工智能的未來同樣也不能僅僅掌握在自然科學家、工程師和科技公司手中。因為這不僅是科技和科學家的未來，也是整個人類的未來。科學家和工程師可以掌控科技發展的技術走向，但不一定能深刻地理解科技對人類的複雜性影響。因此，人文社科學者和思想家們不能缺席這場討論，而應該主動參與到影響人類命運和人類發展的大討論中。

怎麼看待人工智能可能帶來的失業影響？

人工智能的發展對社會的影響將是顛覆性的。1908 年，奧地利經濟學家約瑟．熊彼特（Joseph Schumpeter）提出「破壞式創新」這一顛覆性的概念。他認為，所有社會都會經歷這種過程，每一次大規模的創新都淘汰舊的技術和生產

體系，並建立起新的生產體系。李察·科士打（Richard Foster）和莎拉·卡普蘭（Sarah Kaplan）在熊彼特的「破壞式創新」的啟發下提出「創造性破壞」的概念。他們認為，無論是從企業到國家，還是從個人到社會，都具有面臨重大改變的必然性，即「不連續性」或「斷層」。從這個意義上講，人工智能的發展對人類的進步的影響也是顛覆式的。

人工智能對社會的影響，將造成兩種狀態的失業：一種是結構性失業，另一種則是全面性失業。結構性失業指的是，在人工智能的衝擊下，某些行業將在短期內面臨結構性的挑戰，甚至存在被歷史發展替代的可能。這種衝擊的對象首先是專業化、程序化程度較高的行業或職業，如傳統的翻譯行業。目前有些人工智能技術的翻譯水準正在接近，甚至有可能超過人類的翻譯水平。未來，人們到一個陌生國家旅行的時候，只需在手機上下載一款翻譯軟件，就可以與當地民眾進行無障礙交流，到那時傳譯行業將受到很大的影響。而相比於線下的旅遊中介，人工智能提供的服務更加廉價和便捷，人們將更願意依靠人工智能的網站提供的服務，由此將造成大批旅遊中介失業。此外，律師助理也將是受到人工智能挑戰的領域之一。在未來，人們通過人工智能平台獲得的法律服務將比律師提供的更為精準，而這已經成為律師行業發展的一個重要趨勢。以上這些領域受到的衝擊，可以稱之為結構性失業。因為這些領域所提供的服務，在未來能夠輕易地被人工智能所取代，而這些領域的從業人員則會面臨需重新擇業的風險。

另一種失業則是全面性失業。這裡主要指的是受到人工智能衝擊的覆蓋面。儘管不同的職業受到人工智能的影響不同，應對衝擊的調整方式也不一樣，但這種影響將是全覆蓋式的，各行業幾乎都不可避免。甚至連那些人類自認為最擅長的領域，如文學和藝術領域，也成為人工智能入侵的對象。例如，多倫多大學開發的人工智能機械人可以基於藝術家的曲譜，通過演算創作出美妙絕倫的樂曲。而百度通過「圖靈測試」的方法，將人工智能創作的作品與唐朝詩人寫的詩放在一起供人分辨，結果顯示人們很難分辨出兩首作品各自的創作者。甚至在結果揭曉後，很多人認為人工智能寫的詩比唐朝詩人的作品還要好。

以上對失業的分析意在提醒人文社會科學的學者參與到這場關乎人類社會未來發展的大討論中來。因為，科學家們往往只考慮用科技的進步來解決他們眼中一些具體的問題，以及他們的解決方案能否解決這些問題，對於科技之外的問

題，如對社會產生的影響，則較少去考量，而這些問題往往更加重要。例如，針對人工智能的發展對就業產生的顛覆性影響，科學家們並沒有給出解決方案。而這反過來也會對科技進步產生影響，因為科技需要在社會穩定和經濟繁榮的條件下才能有大的突破。由此，社會科學學者的研究意義就充分凸顯出來，研究影響人類未來發展和命運的問題本來也就是他們職責所在。這就好比科學家打開了一個個潘朵拉魔盒，但並沒有意識到打開魔盒後所增加的東西打破了社會內部所具有的微妙平衡，此時正需要社會科學家貢獻智慧使社會達到再平衡。

人類可以向人工智能學甚麼？

　　面對人工智能這樣一股洪流，有些人文社會科學的學者採取一種拒斥的態度，甚至認為技術是淺薄的，從而輕視自然科學的價值。這種對技術的輕視態度阻礙了他們對自然科學領域的學習。事實上，近些年自然科學取得的許多進展，對社會科學的發展也產生了革命性的影響，卻沒有引起人們的廣泛注意。例如，根據自然科學的研究，人類來自智人，而智人起源於非洲的母親。按照這一主張，人類文明的母親只有一個，即同一個「非洲媽媽」。這一觀點對非常流行的「文明衝突」的論斷將產生顛覆性的影響。然而，這一關於人類起源的自然科學界的進展卻並沒有得到社會科學界的關注。學科之間的壁壘成為一種傳統知識自我強化的工具，也導致了學科內學者對學科外學者的輕視。某些學科的學者驕傲地認為，只有他所從事的學科才最為重要，其學科內的知識是最為正確的。從學科本身發展角度而言，專業化固然是一種進步，但過於封閉以及學科壁壘的自我強化，阻止了人類外向學習的可能，繼而也產生了學科內的傲慢與偏見。這種傲慢與偏見在人工智能時代變得越來越不合時宜。

　　近年來，人工智能領域取得的巨大進展來自另外一個學科——神經認知學。簡言之，人工智能本身就是一個知識跨界的產物。如果僅僅局限於某一個學科，革命性的創新就不可能到來。人工智能是通過借鑒神經認知學的發展，從而模擬人類智能的一個成果。此外，近年來推動人工智能發展的大公司也在演繹着這種知識跨界。例如，美國 IBM 公司以前是從事傳統芯片和電腦生產的企業，但在 21 世紀之初卻將自己的主業務賣掉而轉向人工智能研發。從芯片到電腦製造再到人

工智能，本身就是一種知識大跨界。跨界是那些面向未來、敢於想像的企業的重要特質，傳統的人和企業則往往不敢想像。而只有跨界才有新的未來。

此外，需要特別關注的是人的深度學習的問題。作為一個人工智能的專業術語，深度學習是機器學習的一個重要組成部分。在這樣一個機器都要進行深度學習的時代，具有自主意識的人更應該進行深度學習。所謂人的深度學習，是指人需要跳出傳統的知識界限，廣泛地汲取各學科和領域的知識，不斷產生新知識技能的過程。如果沒有這種深度學習的能力，人終將被人工智能打敗。人的深度學習主要包括兩部分：一是跨界學習，二是團隊學習。

跨界學習是指跳出自己的學科邊界汲取與自己學科相關的前沿進展，進而反哺自己學科的過程。信息大爆炸時代為人們跨界學習提供了工具和條件，各種開放知識產權的媒體和社交工具便利了人們的跨界學習。例如，網絡上有大量的專業性的學習視頻、免費軟件和開源軟件。只要學習者有足夠的決心和毅力以及相應的基礎，藉助這些資源就可以學習掌握一些技能。

而社交媒體的革命能夠以學習小組的形式把相同興趣的人凝聚在一起。學習者可以加入一個 VR（虛擬現實）的社群，學習某種技術，並在此過程中獲得認同感。

由網絡社群、電子書、網絡視頻等多維空間組合成的虛擬社群，為學習者提供了一個長期的跨界學習沉浸式的情景。如果學習者迷戀上了某個領域的知識，這一系列網絡條件會幫助他沉浸在這種學習氛圍中，從而在更短的時間內更高效地學習。

在跨界學習的基礎上，團隊學習可以進一步加速跨界學習的效率。人工智能的能力，實質上是通過分佈式學習的方式提高。機器學習往往先根據學習內容分成不同的小組，每個小組再學習各自的算法和可能性，最後機器將不同小組的內容匯集在一起，從而產生一種共同智慧的結果。這種方式同樣可以幫助人類進行跨界學習。如果一個人學習一本書的內容比較複雜和艱苦，那麼十個學習者就可以把這本書分成十部分，最後十個人再以小組討論的方式進行交叉學習，相互印證直至最後打通所有的學習要點。需要強調的是，學習小組的規模和學習效率之間存在一個均衡點。學習小組的規模越大，成員間交流的密度就會減弱，同時聯繫溝通的成本會增加；而學習人員過少，這種學習的規模效應就無法得到體現。因此，在一個面對面學習的小組中，五至十人是最佳的規模。

社會科學的學者與其被動地面對人工智能的挑戰，不如主動參與到人工智能的大浪潮中。同時，也只有社會科學的學者對人工智能發展的充分參與，才能保證自然科學的新進展仍然在人類能夠掌控的節奏中發展，從而解決我們未來可能面對的問題。

參與性塑造與人工智能規則的制定

當前人工智能所面臨的許多關鍵性問題，不僅是技術問題，更多也是社會科學問題。譬如，之前討論的由於科技進步而導致的失業問題就具有代表性。這在人類歷史上也是一個古老的問題。馬克思（Karl Marx）就曾用「機器吃人」這一概念來對此總結和分析。只不過在馬克思那裡，機器「吃掉」的是工人，而在今天，所有產業都將面臨這種「被吃」的風險。因此，社會科學學者應該研究人工智能對未來職業產生的系統性影響，包括哪些人和哪些職業不會面臨失業的問題，以及人工智能會創造出哪些新的職業需求等。而且，在人工智能時代，創新精神顯得尤為重要。因為一旦工作被模式化和程序化，人工智能就可以很快學會。與機器相比，人類的優勢主要集中在靈活、情感和創造力等方面。這些都是與創新相關的領域。

人工智能除了對人類就業產生衝擊之外，在許多方面也將對現行的法律和規則提出挑戰。例如，目前智能汽車上路運行面臨最大的瓶頸是相關法律、法規和公共管理規則的制定問題。傳統汽車的使用模式是汽車被賣出之後所有權歸車主所有，由汽車造成的一系列問題也多數由車主承擔責任，如違規停車和交通事故等，除非汽車有明顯的質量問題，相關責任才由汽車製造商來承擔。然而在智能汽車領域，由於汽車是由智能汽車提供商所生產的系統來控制而不是由車主駕駛，如果出現交通事故，事故責任是由車主還是由智能汽車提供商承擔便成為有爭議的問題。

自動駕駛技術根據自動化程度被分為六個級別。目前，智能汽車還不能完全做到自動駕駛。在這六個級別之間，例如第二級和第三級，自動駕駛是作為車主的輔助性工具出現的。換言之，在緊急狀態下，車主應該也有必要採取如終止自動駕駛等應急的措施來避險。由此就會產生以下問題：第一，車主的責任邊界

在哪裡？第二，如果車主避險失敗，責任由誰來承擔？還有一個值得注意的問題是，自動駕駛通常是通過無線網絡進行的，而網絡運營商並不能保證信號時刻暢通。假如出現的故障和網絡有關，網絡運營商也會牽扯其中。因此，在消費者、網絡提供商、汽車製造商和智能駕駛系統提供商之間，就會出現多個交叉的責任空白區域。因此，智能駕駛在未來需要解決的不僅是技術問題，還會面臨法學、社會學、政治學等相關領域的問題。這些問題都需要社會科學領域的學者來推動解決，而這也就要求社會科學家對人工智能的前沿知識有所學習和探究。

第一部分

人工智能在各領域的影響

第一章

電子人權與算法獨裁：
人工智能對法律的重塑

法官的工作被限定為單純的解釋法律和契約，就像是法律的自動售貨機，人們在機器上投入事實（加上費用），機器下面就會吐出判決（及其理由）。

——馬克斯·韋伯（德國社會學家）

我個人的信仰飛躍是這樣的：當機器說出它們的感受和感知經驗，而我們相信它們所說的是真的時，它們就真正成為有意識的人了。

——雷·庫茲韋爾（美國發明家，奇點大學校長）

提要　人工智能的發展將對法律及其行業生態產生巨大影響。人工智能的查詢服務以及訴訟服務已經對初級律師造成了壓力。這也將促使未來的法學教育根據新的發展形勢做出相應的調整。關於人工智能電子人權的討論則會對民法的傳統內涵形成巨大衝擊。人工智能和機械人使得侵權與刑事責任的鑒定變得更為複雜。在人工智能時代，法官的審判活動也會受到相應的影響。更為重要的是，人工智能背後的算法黑洞隱含着一個算法獨裁的問題，這種算法獨裁來自人類對算法的依賴。如果不能對這種算法獨裁建立良好的制約，未來法律的公平正義將深受影響。

人工智能的發展對法律形成了巨大衝擊，不僅體現在其對律師行業未來就業所產生的壓力上，還體現在其對民法、刑法、侵權法、知識產權法等法律條文和判例體系的深遠影響上。由於法律具有滯後性，現有的法律體系並不能很好地解釋和應對人工智能以及機器擬人化後可能出現的法律現象。可以說，在人工智能的衝擊下，法律體系可能需要全面重塑。這一問題所涉非常宏大，本章只從頭腦實驗的角度出發，試圖對人工智能的發展與未來的可能性做關聯性分析。

人工智能的發展對律師行業的衝擊

歷史證明，技術對社會的影響常常頗為弔詭。一方面技術可以改善人們的生活，延長人類的壽命，讓一些從事新行業、掌握新技能的人發揮更大的作用；另一方面技術也會讓更多的人離開已有的工作崗位，失去生活經濟來源。作為目前最可能引起人類未來巨變的領域，人工智能也必然會產生類似的社會影響。回顧過去，人類歷史上的三次技術革命有一個共同的特點，即技術在給人類社會帶來便利的同時，其帶來的巨大衝擊需要近半個世紀的時間才能被消化。如今，當智能革命來到之時，律師就成為受衝擊巨大的行業之一。我們不能單單感歎歷史的再次重複，而要對這種影響進行深入的思考，從而加以有效的應對。

在西方，律師往往被認為屬於高端職業，具有較強的專業性，處理的案件和問題也較為複雜。律師參與的訴訟過程會直接影響法庭的判罰結果，這導致律師在法律案件中的作用顯得尤為重要。而在訴訟的過程中，訴訟雙方都需要支付律師高昂的訴訟費，以換取律師的盡心盡力。對於大多數公司而言，律師費用往往是一個較為沉重的負擔。以生物技術領域為例，美國每年專利侵權訴訟至少產生2500 萬美元的訴訟費，其中需要支付給律師的費用就高達 700 萬美元。

這種情況在英美法系國家表現得尤其明顯，因為英美法是強調判例法的典型法系。在一場較大的訴訟中，律師及其團隊往往需要將歷史上大量的相關法律文件匯總在一起進行分析，由此找到最優的解決方案。在過去，對於案件律師來說，這個工作量極其巨大，一個較大的訴訟案件可能會涉及上百萬份不同的歷史文檔和法律文件。

但是伴隨人工智能的出現，法律訴訟需要的時間與費用正在不斷降低。過去

需要花費大量人力、物力才能完成的工作，如今人工智能可以在極短的時間內完成。例如，矽谷的黑石數位探索科技（BlackStone Discovery）發明了一種能夠處理法律文件的自然語言處理軟件。它使得律師的工作效率可以提高 500 倍，從而將打官司的成本降低 99%。而世界上第一個機械人律師 Do Not Pay（「不花錢」）也在倫敦、紐約和西雅圖等地被人普遍使用，它已經幫助 16 萬餘人處理了交通罰單，且成本極低。同時，這一服務也在舊金山、洛杉磯等城市迅速擴展。在你填寫一份問卷調查表後，一旦法律機械人認定你合法，它就會幫助你開具一份抗辯授權書。

儘管目前這些進展還局限在一定範圍之內，但是已經顯示出了影響未來的重要趨勢，即人工智能的發展意味着未來有相當多的律師，特別是初級律師會失去工作。2014 年，北卡羅來納大學法學院教授德納·雷穆斯（Dana Remus）和弗蘭克·萊維（Frank Levy）通過研究自動化在大型律師事務所中的應用發現，如果全部採用新的法律技術，在其後五年內從事法律行業的人數將減少 13%。而抵消人工智能自動化對法律行業影響的辦法只能通過每年法律事務在原有的基礎上增加 2.5% 來實現。

2015 年，美國統計公司奧特曼韋爾公司（Altman Weil）就人工智能能否取代律師，對 20 所美國律所的合伙人進行了一項民意調查。結果顯示人們對人工智能的認可度越來越高，多數人相信人工智能能夠取代人類律師。其中 47% 的受訪者認為，在 5～10 年內，律師助理將失去工作。只有 20% 的受訪者認為人工智能無法替代人類。也有 38% 的受訪者認為，在 5～10 年內人工智能還不能取代人類律師。麥肯錫全球研究院（McKinsey Global Institute）在 2017 年的報告也指出，複雜的機械人正從工廠走出，成為法律、新聞以及醫學領域的一部分。

從目前來看，人工智能對於律師重覆性和初級性的工作顯然具有替代作用。律師在辦案中花費時間最多的是翻閱那些海量的文件，從中尋找案件的漏洞以及一些相關的證據。而人工智能的搜尋和算法可以在非常短的時間內完成這些工作。同時，人工智能的發展還會使科學輔助謊言檢測工具得到不斷的升級。例如，隨着測謊機在現實應用中的缺陷不斷凸顯，測謊機將會逐漸消失，而神經影像技術將成為法庭中可驗證謊言的救世主。這種變化將不可避免地從根本上改變法律業務的工作方式，使其對技術的依賴上升到新的層次。對於這些由人工智

能引發的變化和挑戰，美國的一些大型律師事務所已經採取積極的措施來進行應對。

擁有 7000 多名律師的大成律師事務所（Dentons）在 2015 年成立了推動技術創新的風投部門——下一代法律實驗室（Next Law Labs）。該部門負責對新的技術進展進行充分的監測，並對 7 家法律技術初創公司進行了投資。大成首席創新官約翰·費爾南德斯（John Fernandez）表示，「我們的產業正遭到破壞，我們應當有所作為，不應坐以待斃」。而基拉系統公司（Kira Systems）也表示，在兩年半的時間裡，他們已經可以讓軟件識別類似競業禁止合同條款和變更控制權等概念，並飛速地挑選相關文檔，但審閱工作尚需人工完成。我們可以發現，雖然一些律所的高級合伙人似乎已經認識到律師助理或初級律師將被人工智能取代這一趨勢，但他們對此卻並不擔心，因為其運營成本將會大為降低。

律師業所受到的這種影響，最終也會擴展到法律的其他領域。尤其值得關注的是，人工智能的發展還會重塑未來的法學教育。在未來，法學教育要更加強調對電腦、雲端運算與大數據的訓練。未來的初級法律從業員，將具備查詢法律文書、運用人工智能相關軟件的能力。高端的研究者與從業員要具備運用 SQL、Python 等與人工智能相關的電腦語言進行電子案件查詢、分析以及可視化的能力。傳統的法學訓練在分析某一案例時往往傾向於選擇具有代表性的個別案例，而未來則需要對相關議題進行全樣本的比對，在大數據的分析下得出更為科學的結論。

因此，我們的法學教育需要針對這些變化做出相應的準備。這就需要相關法學院校增加精通電腦、人工智能與大數據的從業員，吸引電腦領域的研究者進入法學研究，引導相關研究者充分運用各級法院的法律判決案例與判決書進行大數據分析。這樣一來，法學教育不僅要加強對已有的研究和教學隊伍的訓練，還要對本科生、碩士生以及博士生的教育內容進行相關調整。

電子人權的出現對民法的挑戰

美國在 20 世紀 80 年代中期就成立了研究未來法律的分部——夏威夷司法部（Hawaii Ministry of Justice）。它關心一些面向未來的法律問題，包括預測未來案

件的變化、未來可能出現的問題與趨勢等等。該部門在 20 世紀 80 年代末就開始集中關心機械人的權利問題。相比之下，目前我們國家對於相關問題的討論依然不夠深入。大多數人還停留在對機械人的傳統認識中，依然把機械人僅僅看作機器，一種非生物的物體。因此，人們自然地認為機械人不應該享有權利。

然而，美國的兩位學者菲爾‧麥克納利（Phil Mcnally）和蘇海爾‧伊納亞圖拉（Sohail Inayatullay）早在 20 世紀八九十年代就在其文章《機械人的權利——21 世紀的技術、文化和法律》中指出：「我們以為機械人有朝一日總會享有權利。這無疑是件有歷史意義的事件⋯⋯隨着權利向自然萬物的整體擴展，從動物、樹木到海洋。於是萬物的責任、義務和尊敬便有了一種新的意義。」這就意味着在他們的觀點中，未來的人工智能或者說機械人終究會擁有與其身份相匹配的權利。

印度哲學家薩卡爾（Prabhat Rainjana Sarkar）認為，人類需要提出一種超越自我狹隘關聯的新人道主義。換言之，人類在考慮定義時，需要把動植物以及所有的生命都考慮在裡面。薩卡爾甚至認為，有一天技術會有精神，萬物皆有靈魂與精神，只是精神的層次不同。一般來說，人類的精神最發達，動物次之，植物再次之，岩石最差。一旦技術能發展成最靈敏的東西，它將會和人類的大腦一樣成為精神的重要載體。如同佛教的觀念就認為，人類並不是地球的唯一繼承者或主宰者，人類需要平等地看待地球上的所有生物。如果從薩卡爾與佛教的觀點出發，人類就應賦予機械人與人工智能某種權利。因為它們是與人類平等的存在，既然人類有權利，那麼動物、植物和機械人也應該有權利。

從批判主義的視角看，人類的歷史總是充滿排斥與權利的變化。對於這點，阿倫特（Hannah Arendt）、傅柯（Michel Foucault）以及阿甘本（Giorgio Agamben）等思想家都有重要的論述。阿倫特在《極權主義的起源》中討論了猶太人被排斥的歷史。傅柯在《瘋癲與文明》《規訓與懲罰》等著作中把權利看作無所不在地深入人們毛孔的機制，並且分析了這種機制對弱勢群體的排斥。阿甘本在《赤裸生命》和《例外狀態》等著作中將那些被排斥的、被權利壓榨的生命稱之為「赤裸生命」。

在西方現代社會的歷史中，人們最初對享受權利者的界定，僅僅限於那些白人的成年男性，隨後才逐步擴展到奴隸、婦女、外族人、兒童以及外國人。從美

未來人工智能可能會爭取各種權利

國的歷史來看，權利的享有者範圍從成年白人男性逐步向婦女等主體擴展，而美國內戰則促使其進一步擴展到黑人。1920 年美國《第十九號憲法修正案》把這一範圍擴展到女性。20 世紀八九十年代之後，人們開始更多地討論人權，這裡的人權適用範圍不僅包括本國的民眾，還包括外國的民眾。從 20 世紀末期開始，關於動物權的討論也逐步成為一個重要的內容。從這種發展趨勢中可以預見，未來人類對機械人以及人工智能的看法也將發生相應變化。儘管人類製造機械人的目的是讓其更好地為人類服務，但是隨着人類文明意識的發展，人類很可能將某些權利賦予機械人以及人工智能。

美國電視製作人唐·米歇爾（Don Michelle）在一個短劇中，描述了一個未來藍領機械人從事危險、無聊和絕望的工作的場景。有人認為未來機械人受到的這種剝削是 20 世紀工業化初期人剝削人的另一種反映。在機械人作為一種工具用來替代人類完成危險任務的今天，機械人被要求犧牲自己來保護人類。一個顯著的例子就是對爆炸物的處理，在遇到危險任務的時候，技術人員會操作機械人進行檢查和拆卸炸彈。因為技術人員知道，如果發生爆炸，人類失去的只不過是一個工具，而不是一個士兵。但如果賦予機械人電子人格，這樣的做法就會產生侵權等複雜問題，使得相應的任務變得難以解決。

機械人的出現對馬克思的經典政治經濟學理論也構成了新的挑戰。馬克思認為價值是凝結在商品中無差別的人類勞動。隨着人工智能和機械人的興起，一個新的問題就產生了，機械人勞動所產生的價值是屬於其自身，還是它的擁有者？

目前在瑞士，雇主被要求像對待他的雇員一樣為機械人交稅。在日本也有一些公司為它的機械人向工會繳納會費。支持機械人伸張權利的人可能會說，因為

機械人向國家繳納了某種稅費，那麼機械人也應該享有相應的權利，否則權利與義務就不對等。與此同時，人工智能也正大量創造着自己的作品。例如，作曲家已開始運用人工智能創造音樂作品。那麼究竟誰應該成為這些作品的著作權人？一種觀點認為人工智能的使用者與發明者擁有這些權利，但這些作品並不是人工智能的發明者直接創造的。當然也有人主張讓人工智能擁有這些權利，但這樣一來又會產生一系列新的問題。例如，既然人工智能擁有這些著作的專利權，那麼通過這些著作及專利所獲得的利益該如何處理？

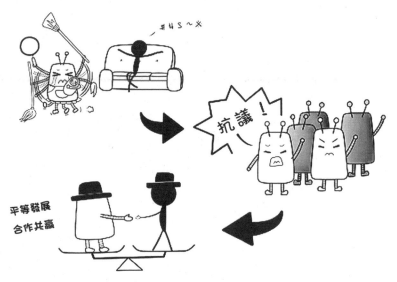

未來人工智能或將擁有的兩種形態：奴隸或是朋友

　　機械人是否享有公民權，或者説誰來為這些機械人伸張這些權利，這些都是我們今天應該思考的問題。現有的一些研究已經對機械人可能存在的權利進行了一些研究，並提出了一些新的觀念或問題。譬如，第一，機械人應該享有生命權以及保護自己不輕易地遭到能力的侵害的權利，即擁有電子人格；第二，應避免機械人長時間進行奴役性的勞動，即令其擁有自由權；第三，機械人是否可以有追求幸福的權利，即擁有自由選擇消磨其時間的方式。

　　另外，從機械人的角度看，他們似乎也需要一個新的「卡爾‧馬克思」來拯救他們的命運。這個「卡爾‧馬克思」應當是一個「彌賽亞」式的人物，他將會作

為機械人的救世主降臨在人世間，糾正過去的一切錯誤，並對機械人進行救贖。他會代表機械人與人類簽訂契約，改變過去傳統的理念與做法。到那時，人工智能將擁有與人類平等的權利與話語。而這種權利的變化往往會導致一種新的「彌賽亞召喚」，使現有的法律出現例外狀態，發生閒置甚至無效。

事實也確實如此，人工智能的發展如同一種新的彌賽亞主義，正影響着法律領域進行重塑。但值得注意的是，彌賽亞的到來，既可能是一種救贖性的（對機械人），也可能是一種滅世性的（對自然人）。原因在於，當人工智能的「彌賽亞」式人物到來後，他可能會喚醒機械人的權利意識乃至主人意識，進而出現「改宗」（conversion）的現象。這裡的改宗現象並不是使其接受特定的宗教信條，而是如煉金術般，將其融入人類群體的思想觀念。

機械人和人工智能相關的侵權與刑事責任

隨着人工智能的迅猛發展，加上世界各國人口老齡化加劇、政府財政負擔加重等因素的影響，作為保護和服務人類的機械人正逐步進入大眾消費領域。但隨着時間的推進，不斷出現的人工智能傷人事件或者失誤現象引發了人們的擔憂，也直接對各國的法律和司法提出了新的問題。

2016 年 11 月，在深圳舉辦的中國國際高新技術成果交易會上，一名叫「小胖」的機械人突然失控，在沒有指令的前提下，自行打砸玻璃站台，誤傷了觀眾。這只是機械人傷人事件中比較輕微的一起，而歷史數據表明，機械人的失控完全可能導致被侵權人的死亡。

第一個被記錄的此類事件發生在 1979 年，一位名叫羅伯特‧威廉姆斯（Robert Williams）的美國人被一重型機械臂擊中了頭部而死亡。1981 年，工程師肯基‧鄂瑞達（Kenji Urada）在修復機械手臂的時候被活活卡死在房屋的柱子上。2012 年 10 月 24 日，巴基斯坦婦女莫妮娜（Monina）在花園工作的時候被無人機炸死。對此，有些研究者認為，隨着機械人智能化的發展，人類正在進入兩難抉擇的環境之中。一方面為了更好地讓人類生活便捷化，就必須依靠人工智能的自主系統開展需要更多機械人自身智力的活動。而另一方面這種活動也可能是危險的，因為機械人的安全性目前在很大程度上是不可控的。

小胖是進化者公司專為 4~12 歲孩子設計的機械人。據稱智力水平和三到四歲孩子差不多，同時具備語音交互功能，能根據主人要求自行走動，回答各種難題。定位為兒童玩伴、家庭教師以及機械人管家。

從以上分析可以看到，未來關於機械人的立法必須考慮如何避免和治理機械人對人類的傷害問題。對此，艾薩克‧阿西莫夫（Isaac Asimov）提出的機械人三大定律可以為立法提供重要的指引。阿西莫夫的第一定律是不能傷害人類；第二定律是恪守人的命令，除非與第一定律相衝突；第三定律是保護自己，除非與第一、第二定律相衝突。

阿西莫夫設定了一個非常巧妙的邏輯環，把三大定律按照人類的意願進行排序。但是，阿西莫夫的機械人定律也只能為機械人立法提供一定的指引。因為按照人工智能 2.0 的觀點，人工智能的程序並不完全是由人類設定的，也可能是其自己發現的。這便產生一個問題，即機器或人工智能是否一定會接納人類給它設定的邏輯規則，或者說是否有可能出現「壞機械人」在人類的規則之外進行有意識的犯罪？

萊曼‧威爾齊格（Lehman Wilzig）也在其文章中提出了與機械人相關的一系列法律原則，包括生產責任、奴役性勞動等等。關於機械人生產責任的問題，我們可以設想一個場景：如果一個機械人警衛襲擊了一位來訪者，這可能不僅是機械人警衛所有人的責任，還可能是機械人製造商、維修人員以及檢查人員的責任，即生產、調節、運輸以及使用機械人的人都在不同程度上可能負有責任。

我們可以預想到，當機械人侵權事件發生，機械人的擁有者可能會以機械人是由人工智能系統在維繫操作，它應該是一個獨立的個體的理由，試圖達到免責的目的。而生產者則可能會申辯，雖然他們生產了這個機械人，但是機械人已經重新給自己編制了程序，或者說它的新主人給它重新編制了程序，機械人的所

有權轉移之後，其侵權責任已經不在生產者的手中。這種糾紛是可以想見的。不過，如果機械人被確認了具備獨立的人格，那麼承擔責任的可能是機械人本身。那麼，機械人應該如何承擔這個責任？如何對機械人進行懲罰？機械人受到損害後又如何量刑處理……這些都是未來我們將面對的問題。

對機械人的製造者、機械人的運行平台、機械人的所有者，以及機械人本身的責任鑒定將成為一個法律上的難題。一旦機械人涉嫌犯罪，就會產生一系列的問題。例如，現有的測試儀器對於鑒定機械人的犯罪動機而言是無效的。同時，如何懲罰機械人也是一個難題——是需要將這些機械人肢解還是對其重新編制程序，是僅僅處罰機械人還是同時處罰與其相關的所有人，這些都是需要考慮的。

人類在製造機械人時往往有一個簡單的奴隸預設，即機械人本質上是類似於奴隸的行為體。因此在人們的潛意識中，機械人不能為自身申請權利，也就不能因為它所遭受的痛苦進行法律訴訟以及獲得賠償。但是正如雷・庫茲韋爾在《人工智能的未來：揭示人類思維的奧秘》中所説：「當機器説出它們的感受和感知經驗，而我們相信它們所説的是真的時，它們就真正成了有意識的人」。而大多數道德和法律制度也是建立在保護意識體的生存和防止意識體受到不必要的傷害的基礎上的。

可以想見，未來將出現一位法學界的「哥白尼」重寫法律，幫助機械人爭取和人一樣的權利，賦予機械人人格。從目前的發展趨勢也可以看到，作為新一輪科技革命的人工智能，會幫助機械人以一種更為人性化的方式找到解決複雜問題的方案。因此，為了盡可能減少機械人擴張所造成的影響，相關立法和司法部門應該早做準備。有些人還討論了機械人也會像人一樣受到侵害的問題，並提出應該有一部針對機械人的特別侵權法。在他們看來，未來機械人成為享有權利和義務的法律實體之後，其侵權規則與追償的適用將與人無異。然而，在這一發展過程中，人們對相關問題的討論和爭議是不可避免的。

在反對人工智能的人群中，有相當一部分人認為，隨着人工智能的發展，特別是在其擁有感情和感知能力之後，機器可能會傷害人類。在技術發展程度還不確定的情況下，確實應該對這種可能性做出預防。但是，同樣應當重視的是，在防止智能機械人危害人類的同時，也應考慮人類如何正確對待它們。畢竟，機械人和人工智能的發展，已經成為一種不可逆轉的趨勢，簡單地反對或阻止往往適

得其反。因此，人們必須認真考慮機械人的人格發展及其相關的法律問題，尤其是判斷機械人是否具備人的資格的標準問題等等。

人工智能時代的法庭與司法活動

2016 年 2 月，美國國家公路安全交通管理局認定谷歌無人駕駛汽車採用的人工智能系統可以被視為「司機」。也就是說，在美國，人工智能產品在一定程度上已經被賦予了虛擬的「法律主體資格」。而根據中國法律規定，人工智能仍然被視為「物」而並非「人」。在我國，前文所論及的那些案例可以適用《產品質量法》第四十三條的規定。也就是說，當發生涉及人工智能的法律案件時，我國的法律判決依舊會把相關權責歸於廠家。

最早談論人工智能可能對人類司法活動產生巨大影響的是布魯斯·布坎南（Bruce Buchanan）和托馬斯·海德里克（Thomas Headrick）這兩位美國學者。1970 年，他們發表的《關於人工智能和法律推理若干問題的考察》一文，拉開了人類對人工智能和法律推理研究的序幕。從 20 世紀 80 年代起，美國的一批人工智能專家開始關注人工智能與法律這一主題。美國東北大學電腦與信息科學學院教授唐納德·伯曼（Donald Berman）和卡羅爾·哈夫納（Carole Hafner）是該領域的開拓者。隨後，人工智能的法律應用不斷得到拓展。

在過去，人工操作時代下的法庭與司法活動因為以下幾點原因具有高度的複雜性與模糊性。第一，法律是普遍性知識與特殊性知識的高度結合。法律不僅涉及法理、原則等核心內容，還涉及許多具體的知識，如各級法院的案例、司法解釋等。另外，在具體的司法過程中，法律案件會涉及大量特殊性的知識，例如刑法與知識產權就會涉及很多自然科學的知識。第二，法律的判定標準與推理原則在不同法律體系下也有所不同。普通法系國家往往強調判例的作用，而大陸法系國家則強調成文的規則。因此，普通法系以案例為中心進行推理，而大陸法系以規則進行推理。第三，法律的適用不僅僅是判例以及法條的適用，在特定情境下，還需要滿足不同的功能定位，如倡導某項新的原則、對特定群體進行警示等等。基於上述原因，法律領域的從業員往往要具備處理複雜問題的能力。

在這種情況下，技術在傳統法律過程的應用中僅僅起到很小的輔助性作用，

因為傳統的信息技術是一種線性思維，而法律的過程則是非線性的。然而，人工智能的發展將改變這一現象，尤其可以幫助人們處理複雜的法律條文及進行案件分析。很多國家的法律條文都是極其複雜的，例如德國的稅收法就有七萬多個規章，人工智能就可以幫助法官有效地擬合他目前判案的情景與法律條文的關係。同時人工智能所提供的法律查詢與專家意見參考，也有利於促進同案同判與司法公正。此外，由於法律語言具有一定的模糊性，不同的法官對法學精神與法律條文的理解是不同的，這也使得司法在裁量時缺乏足夠的統一性，而人工智能的應用無疑有助於提高這種統一性。

所以說，將人工智能技術運用到審判的過程中是非常必要的，因為法官在判案時往往面對極為複雜的科學技術與社會問題。例如，在一些非常專業的領域，如核物理、生物技術，法官的專業知識就會產生明顯的局限。此時用人工智能來協助法官決策就變得至關重要。人工智能正變得越來越精確化以及多功能化，能夠更加適應案情和法律的複雜情況。而法律推理的人工智能作為知識的存儲庫，可以為司法人員提供法律的參照系，協助他們在推理過程中提出必要的結論。應用於法律的人工智能一方面可以作為邏輯的定向指南，另一方面也可以提供海量的數據。因此，這種理想的人工智能可以具備瞬間「解鎖」法律事實與案例的能力。因此，人工智能不但有助於加快法院的訴訟程序，而且能夠減少法院的誤判及司法中的徇私舞弊行為。

值得注意的是，如果未來的法律機械人因其功能強大而大行其道，法官的必要性就會降低，甚至變得沒有必要。因為，由人工智能處理的法律案件的審判結果實際上是由算法做出的。而在算法決策的過程中，電腦會把相關信息無差別地提供給爭議雙方。這就導致爭議的雙方預先知道自己在案件中所處的位置以及審判的結果，以至於更願意通過協商來解決爭議。從這個意義上講，審判的作用就會大為減少。因此，在未來很可能會出現法官自由自在地從事法哲學方面研究的景象。當然，如果人類把所有的司法判決都交給算法，也極可能產生算法黑箱、算法鴻溝與算法獨裁等問題。在這個過程中，可能會出現這樣一些基本問題：

第一，算法可能會把信息結果同時展示給爭議雙方，但是由於算法中涉及大量的信息，所以算法是否會把所有的信息都提供給爭議雙方，這暫時還是存疑的。

第二，即使電腦把所有信息都提供給雙方，也可能產生算法鴻溝問題，即爭議雙方在對算法的理解上可能存在差距。

第三，把所有的決策都交給算法，而法學家可以去研究法哲學的著作，這不失為一種理想的狀態，然而，如果任憑算法來決定審判結果，算法獨裁極可能成為現實。

算法獨裁的出現與法律的公平正義

自然科學中大多數問題的求解都可以歸結為函數的優化問題，其目標函數通常表現為非線性和大量局部最優點特徵的複雜函數。利用這種思維來解決社會問題，也變得越來越常見。隨着時代的發展，自然科學與社會科學之間的界限正在不斷縮小。在實際判決中，審理人員能夠通過總結和發現歷史案例中隱含的規律，讓電腦自動生成參考判決。而其中輔助審理和得出判決結果的基本要素便是算法。從推理過程所依靠的變量角度進行分類，法律推理可以分成規則推理（rule-based reasoning, RBR）和案例推理（case-based reasoning, CBR）兩種。而在法律判決中，有效的人工智能或算法可以將技術規則與人的行為規範合二為一，從而較好地對判決類型和刑期進行預測，極大地提升法律判決的效能。

尤瓦爾·赫拉利（Yuval Harari）在其著作《未來簡史》中對未來之法進行了預測。他認為，未來人工智能將獲得統治地位，我們的法律將變成一種數字規則，它除了無法管理物理定律之外，將規範人類的一切行為。相比於人為判案的主觀性以及法官自身能力的局限性，算法系統作為一種精細化、具體化和絕對剛性的規則，將最大程度地保持案件判決的公平性。並且，赫拉利認為無論是生物科學還是人工智能的發展趨勢都表明，在未來法律等同於算法很可能會成為現實。

同時，赫拉利也預測指出，雖然未來絕大部分人類將會被人工智能所取代，但是仍然會有一部分人可以獨善其身，這部分人就是由智人進化而來的「神人」。他們創造算法，為人工智能編制核心程序，通過人工智能驅動整個社會的運轉。如果真的出現這種情況，即有少數人藉助人工智能來主宰社會運行的規律，這就很有可能導致算法獨裁的出現，從而影響法律的公平正義。法律背後的根據是正義，但是正義這個價值僅憑個人內心感悟是無法把握的，一定要藉助外在的判別

標準。在未來，如果法律的推理系統是由少部分人所制定，那麼正義的判別標準極可能會發生變質。

當然，以上這些都只是對未來的假設，畢竟「神人」還未出現，人工智能更還沒有獲得統治地位。但是，隨着人工智能的輔助性功效逐漸深入人類的日常生活，人類正將大量的抉擇工作交給人工智能。這種情況在很大程度上已經成為現實。

一個顯而易見的例子是，由於信息的過量，人們不得不依賴個性化內容的推薦，而這種推薦本質上就是算法的結果。同時，在信息大爆炸的基礎上，信用評估、風險評估等各種評估信息也在興起，這也使得人們的決策越來越受制於算法。一旦由人工智能對嫌疑犯的犯罪風險進行評估，算法就會影響到量刑的程度。而當人們把人工智能運用於戰場的時候，攻擊目標的確定以及攻擊手段也都是由算法來評估和決定的。

但是，算法的優劣與其使用數據的優劣有着密切的關係，而很多數據往往是不完美的，這就使得算法可能繼承了人類的某些偏見。因此，如果完全依賴算法，許多弱勢群體被排斥的現象就會被進一步放大。例如，2015 年 7 月 1 日，紐約布魯克林的黑人程序員傑克·阿爾辛（Jacky Alcine）驚訝地發現，他和一位女性朋友（也是黑人）的自拍照，竟然被谷歌打上了「Gorilla」（大猩猩）的標籤。2016 年 3 月 23 日，微軟的人工智能聊天機械人 TAY 上線，然而，TAY 在一天內就被網民「調教」為一個反猶太、帶有性別歧視與種族歧視傾向的「不良少女」。另外，在谷歌的廣告服務中，相比於女性，男性群體會看到更多的招聘廣告，這就是某種潛在的性別歧視的反映。

這些案例一方面說明機器學習與人工智能的技術還不夠成熟，另一方面也與人工智能 2.0 的技術特徵有關。人工智能 2.0 技術所追求的方法就是不給這種智能確定甚麼框架，而是讓它在算法運行的過程中形成一些規則性的東西。人類的道德與文明是通過近萬年的演進才得以形成的，因此人工智能很難在短時間內完全習得其全部內容。因此，在應用的過程中，人工智能容易出現一些失誤乃至歧視的現象，電腦所進行的法律推理也是如此。因此，目前的人工智能還處於較低水平，遠沒有實現對自然語言的真正理解，更不要說能夠游刃有餘地處理法律案件了。

作為一種輔助的法律系統，算法不僅要嫻熟地理解法律條文，更重要的是要

理解人。法律判決不單單是法律要件的機械適配，還需要對案件主體、客體乃至環境進行深刻的洞察。同時，由於算法系統以大數據為基礎，審判的決策實際上是根據數據得出的一個運算結果。一種可以想見的情況是，我們只能看到輸入的數據以及得出的結果，而對中間的運算過程則一概不知，由此就會導致算法黑箱或算法獨裁的出現。

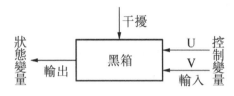

黑箱是指一個系統，該系統只能得到它的輸入值和輸出值，而不知道其內部結構。黑箱可以是任何系統，只要是僅根據對其外部性質的研究來對它進行判斷的系統。

美國加州大學信息學院的珍娜·布雷爾（Jenna Burrell）在其論文《機器如何「思考」：理解機器學習算法中的不透明性》中論述了三種形式的不透明性：第一種是因商業秘密或者國家秘密而產生的不透明性；第二種是因技術了解程度不同而產生的不透明性；第三種是算法本身的複雜所帶來的不透明性。因此在未來的法庭上，如何解釋算法的結果是一個具有高度挑戰性的工作。

在算法決策越來越成為人們生活的支配者的時候，或者說當支配性算法大行其道的時候，對算法進行監督與審查就變得至關重要。例如，對於技術文盲而言如何審查算法的合理性？對於這一問題，未來可以通過審查的代理來解決，即技術文盲將審查權交給第三方代為處理。另外，算法的解密或者說透明化需要非常高的成本，對於個體而言是難以承擔的。因此，算法的監督與審查應該更多地由政府或者政府委託的機構來完成，尤其是在涉及一些公共物品或者公共行為的時候。

在未來，大量的規則如徵信規則、量刑規則以及保險規則等，都會被寫進人工智能的算法中。然而，如果編程人員不了解法學、政治學和社會學等學科的相關內容，他們就不能完整地理解這些規則深層次的含義，也不能將這些規則代碼可能產生的負面影響降到最低。由此，人們就需要推動一種知識的雙向運動。一方面，人文社會科學的學者要學習人工智能算法的知識以監督程序編制者；另一方面，人工智能的編程者同樣需要學習社會科學的相關知識，以更加謙卑的心態來對待這些規則。如果編程等技術不受社會規則的限制，那麼相關的技術或程序從原初設計開始，就注定會導致結果的不公平。

如美國馬里蘭大學法學教授丹尼爾・西特倫（Danielle Citron）在其論文《技術正當程序》中所指出的：「人們應該在規則設立之初就考慮其公平性與準確性問題，而這種公平性與準確性問題僅僅依靠技術人員是無法達成的。」此外，英國下議院科學技術委員會也呼籲成立一個專門的人工智能委員會，對人工智能當前以及未來發展中的社會、倫理和法律影響進行研究。其中的基本問題就在於，由於技術和社會發展條件的限制，人工智能在相當程度上會具有某種歧視性因素以及潛在的導致不公平結果的可能性，因此，人們就需要通過設計出驗證、證實、知情同意、透明性、可責性、救濟、責任等方面的完善機制，來避免算法對弱勢群體的歧視以及不平等結果的產生。

可以説，科技驅動未來就是驅動人類的命運。我們不得不思考算法獨裁出現的可能性與公平正義之間的關係。算法與代碼的設計都要依靠編程人員的判斷與選擇。由於編程人員對社會科學的知識往往缺乏深刻與充足的認識，所以很難保證把已有的規則準確地寫入程序。因此，規則的數字化以及代碼化就有可能帶來一系列不透明、不準確與不公平的問題。因此，不能將所有的問題都歸結於技術問題，也不能將人類的命運都交給數據。包括法學家在內的社會科學家對人工智能的發展要給予足夠的關注，才能有效保證人工智能沿着正確的方向不斷發展。

結語：用算法的正義來保護法律的正義

綜上而言，人工智能對法律的影響是全方位的。首先，人工智能對律師行業的發展前景形成了巨大衝擊，尤其是對初級律師而言。由初級律師或律師助理所從事的程序化和相對機械化的法律服務工作，將很容易被機器所取代。雖然這種變化對於律師行業的存在沒有產生顛覆性作用，但是可以想見，律師行業的從業人數將被削減，特別是初級律師的數量將會大量減少。其次，人工智能的發展還對民法的核心內涵形成新的衝擊。人們需要藉助人工智能與機械人的幫助來解決生活中的問題，但是這些都需要以賦予人工智能某種電子人格為前提。如果人工智能與機械人不具備電子人格，就很有可能產生社會交往的障礙，如有人會以機器不具備人格而拒絕與其進行商業交易。在這種情況下，人們會出於便利性的考慮而賦予機械人某種電子人格，這就會在權利的法典上增添一種新的種類。並

法官從繁重的審判工作中解脫，從而有更多的時間去思考社會的公平與正義

且，沿着這種邏輯發展下去，人類將會考慮是否給予人工智能更多的權利的問題，如休息權、專利權甚至收取利益的權利。由此推演下去，又將有更多問題的出現，因此，人類將不得不在解決問題的便利性與機械人的權利之間進行某種艱難的抉擇。

此外，機械人和人工智能的進一步發展對人類生活的更大影響將發生在侵權領域。一旦機械人對人類造成某種傷害，人類將不得不考慮對其進行懲罰，這就涉及刑法的適用原則。另外，機械人造成的損害如何進行賠償，賠償責任由誰承擔也是未來的法律難題。同時，人工智能的進一步發展也會對未來法庭的司法過程帶來革命性的影響。在未來，法官的判決在司法活動中的重要性將不斷下降。因為在判決之前，算法就可將訴訟請求與已有的相關法律以及先前的案例進行匹配，從而得出訴訟雙方的獲勝概率。

換言之，決定判例結果的將是算法而不是法官。並且，由於算法做出的決定是基於已有的法律以及全樣本的案例，所以法官在做出決定時也會更加依賴算法。當然，隨着司法的結果越來越由算法來主導，人們對算法的依賴最終會促使人們去反思算法的過度使用問題。因為對於法律的從業員和當事人而言，算法如同一個黑箱，他們無法完全掌握個中奧秘。在這種意義上，法官的存在依然是有必要和有意義的：我們可以依據算法來得出更為精準的法律判決的結果，但同時也要警惕算法的獨裁和偏誤。只有這樣，未來的法律才不會淪為唯算法論，法律的正義才不會被算法所綁架。

第二章

從金融科技到智能金融：
人工智能對金融領域的影響

生財有大道。生之者眾，食之者寡，為之者疾，用之者舒，則財恒足矣！

——《禮記·大學》

毫無疑問，人工智能的發展會導致某些領域的就業率大幅下降，但總體來說，這對社會是有利的，這對一家公司來說可能不是好事。

—— 沃倫·巴菲特（美國投資家）

提要

　　人工智能正在重塑整個金融領域。在此之前，華爾街的寬客（Quant）是時代的弄潮兒，大量的數學高手都流入了華爾街。而智能投資顧問的發展就是要替代寬客。人工智能的發展在金融領域的應用主要表現為自動報告生成、人工智能輔助和金融搜索引擎。人工智能正前所未有地重度衝擊銀行業，未來銀行網點數量會大為減少，銀行的智能化程度也會越來越高。對於證券業來說，人工智能可以促進新認知的產生，並使證券投資領域產生革命性的變革。保險業同樣會遭遇這種衝擊。整體來看，人工智能對金融行業的影響集中在：改變金融業的行業生態，推動金融服務模式的綜合性拓展、推動金融行業的大數據處理能力、推動金融監管的轉型升級。目前國內在智能金融領域發力的代表性企業包括阿里巴巴、百度、廣發銀行、平安集團、交通銀行等等。可以說從金融科技到智能金融的轉變正在發生。在金融科技中，科技是主體，而在智能金融中，智能成為主體，智能金融是互聯網金融的升級版。

自谷歌的 AlphaGo 人工智能系統戰勝職業圍棋手李世石開始，「人工智能」這一概念在全球範圍內便掀起了熱潮。早前，美國社會在擔憂人工智能對就業市場的衝擊時，卡車司機被認為是最有可能被率先代替的職業。但是結合實際數據來看，最先受到人工智能衝擊的職業可能是華爾街上的交易員、對沖基金經理們。美國新興人工智能金融公司肯碩（Kensho）研發了新的分析軟件，專業基金分析師們要花費 40 個小時才能做完的工作，該軟件只需一分鐘便可完成。該公司創始人丹尼爾・納德勒（Daniel Nadler）預測，到 2026 年，電腦將取代 33%～50% 的金融從業員。

隨着人工智能技術的推進，這只是其對金融領域衝擊的冰山一角，包括銀行、保險和證券等行業在內的整個金融行業都正發生着前所未有的變革，包括業務流程的再造、效率的提升和成本的降低。人工智能將極大地改變金融業生態。從一定程度上來說，人工智能首先替代的不是藍領工人，再造的也不是製造業，而是金融業。

從寬客到人工智能

隨着人工智能技術的快速發展，特別是在以深度學習（Deep Learning）和強化學習（Reinforcement Learning）為內核的 AlphaGo 戰勝人類棋手、DeepStack 戰勝人類德州撲克玩家等熱點事件的推動下，人工智能在金融界成為新浪潮的開始。資本已經開始轉向充滿挑戰性的智能投顧等新型領域，寬客（Quant，量化投資經紀）們將面臨極大挑戰。

加州大學洛杉磯分校物理學博士、麻省理工學院教授愛德華・索普（Edward Thorp），在賭場中證明了自己開發的 21 點系統的有效性。該系統建立在大量的電腦運算基礎之上，其奧妙源於概率論中的大數定律，通過計算大牌發出的次數，實現了算牌技巧的革命性突破。索普是最早運用純數學技術賺錢的人之一，大多數寬客技術的重要突破都有他的功勞。因此，很多人都認為索普是寬客的祖師爺，華爾街的投資人都只是他的徒子徒孫而已。此外，索普還與另一位金融學教授希恩・卡索夫（Sheen Kassouf）設計出了歷史上第一個精確的量化投資策略——科學股票市場系統（A Scientific Stock Market System），主要用於可轉換

債券的正確定價。

此後，二人又合著了《戰勝市場：一個科學的股票市場系統》（*Beat the Market: A Scientific Stock Market System*）一書，後被視為量化投資的開山之作。最後，索普乾脆將數學公式寫成電腦程序，以探尋可轉換債券與標的股票之間的反常關係。自從索普將資金管理推向定量化、機械化和程序化之後，電腦在資金管理中的作用便愈發重要。芝加哥大學兩位經濟學教授費希爾·布萊克（Fischer Black）和邁倫·斯科爾斯（Myron Scholes）繼索普之後，設計了類似的方法對期權的價值進行研究，並發明了布萊克斯科爾斯期權定價公式（Black-Scholes Option Pricing Model）。這一公式迅速被華爾街接受並受到追捧，至此華爾街迎來寬客時代。

儘管如此，在 20 世紀 80 年代，華爾街的王者仍是那些依靠經驗和直覺交易的交易員們，使用微積分、高等幾何和量子物理等艱深理論來進行金融分析的寬客們不過是華爾街的「二等公民」。當時的華爾街直覺經驗派交易員們多半不會預料到，自己後來會被一群來自研究機構的寬客所取代。但此後，越來越多的數學家和物理學家開始湧向華爾街，交易量化程度開始大大提升，金融市場上開始出現大量寬客。這些寬客喜歡戲稱自己為「礦工」，因為他們是金融市場上名副其實的淘金者。

理財師失業之後，理財成為人工智能之間的競爭

利用大量的資料數據、複雜的數學公式以及高性能的超級電腦，寬客們開始接手運營那些複雜的對沖基金。寬客們之所以能逐漸成為華爾街的主宰，他們手中的武器便是數學在金融領域的理論突破。寬客技術興起之後，預測市場運行的創新理論、量化投資系統和電腦化交易策略等層出不窮。這些依靠數字化和電腦程式進行交易的投資者們，對於公司運營的基本情況並不是很在

意，而是通過一串數字變量來預測某公司的股票走勢，寬客們的主要優勢就是能夠通過對歷史數據的分析，建立可以進行市場趨勢預測的數據模型。

但是當人工智能技術發展起來之後，寬客技術及人工量化分析就開始走下坡路，因為人工智能除了分析歷史數據並進行建模以外，還能不斷進行跟蹤監測，不斷收集分析新的數據，持續優化預測模型。與人工智能系統相比，寬客更像一本靜態的醫學教科書，而人工智能系統則像一位不斷追求最新研究成果的實習醫生。人工智能技術與金融服務深度結合的產物便是智能投顧，運用智能投顧進行投資管理是金融發展歷史上的重大突破。

2017 年 3 月，美國規模最大的上市投資管理集團黑岩集團（BlackRock）宣佈裁去 7 名主動型基金經理，並用量化投資策略取而代之。除了智能投顧，人工智能在經濟金融方面還有其他諸多應用，例如亞馬遜推出的基於人工智能技術的線下無人零售商店 Amazon Go 重塑了傳統的購物流程，摩根大通的 COIN 合同解析系統可將 360000 小時的工作縮短至幾秒等，案例比比皆是。

時至今日，曾經一度作為金融創新弄潮兒的寬客們開始面臨着智能金融的挑戰。金融巨頭們開始關注人工智能帶來的各項分析技術。如今看來，量化投資已經從單純的期貨型基金／依靠預測方向創造利潤的策略（CTA/Alpha）逐漸轉向智能交易策略（Expert Advisor, EA），這將是金融行業必然的發展趨勢。

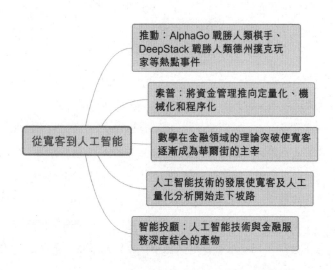

人工智能在金融領域的應用

有目的、有計劃地引進、研製、製造和購買相關人工智能產品將為金融機構的未來發展帶來巨大優勢。人工智能在金融領域的應用主要分為以下幾個方面：自動生成報告、人工智能輔助、金融搜索引擎和智能投資顧問。

第一，自動生成報告。投行業務及證券業都需要撰寫大量文書，這些文書工作往往具有固定的格式或模板，例如研究報告、招股說明書、投資意向書等。這些報告的撰寫通常需要花費投行工作者大量的時間和精力，但這類工作在很多情況下往往只是一些數據整理以及文本替換的工作。由於格式較為固定，這些文書中的大量內容可以利用模板生成，比如公司股權變更、會計數據變更等。

具體而言，自動報告生成主要有三個步驟：第一步為數據處理，通過爬蟲等電腦程序對年報、時事新聞及數據、行業分析報告和法律公告等材料進行收集和整合；第二步是數據分析，運用知識圖譜中常用的知識提取對實體新聞進行處理，提取邏輯主幹，結合其他關鍵信息，再將其嵌入模板；第三步是生成報告，經過數據的分析處理，報告便可生成。如有必要，可以對自動生成的報告進行人工審核和微調。

第二，人工智能輔助。在過去，量化交易只是簡單地運用電腦來進行輔助，分析師的任務主要是選取某些指標作為變量，利用機器來觀察數據分佈及計算結果。隨着機器學習與預測算法的結合程度不斷加深，人工智能輔助系統根據歷史經驗和新的市場信息可以更加準確地預測金融市場的走向，創建出更符合實際的最佳投資組合。相對於之前電腦只進行簡單的統計計算，現在的人工智能系統已經能夠通過機器學習等技術進行海量數據的處理和分析。同時，結合自然語言搜索、用戶界面圖形化及雲端運算後，人工智能助手可以將問題與實踐與市場動態結合，提供實時更新的研究輔助。此外，人工智能不會像人類一樣受到情緒的影響，可以從根本上杜絕投資決策過程中恐懼、衝動和貪婪等非理性情緒因素的干擾。

當然人工智能輔助也存在一定的問題，例如當「黑天鵝」等特殊事件發生時，機器學習和自然語言處理無法發揮出其相應的功能。因為這類特殊事件往往屬於新型事件，人工智能系統無法從資料數據中找出相關模式。如果讓人工智能在這類事件發生時去管理資產，就存在很大的風險。

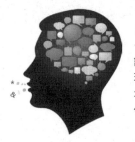

自然語言處理是電腦科學領域與人工智能領域中的一個重要方向。它研究能實現人與電腦之間用自然語言進行有效通信的各種理論和方法。自然語言處理並不是一般地研究自然語言，而在於研製能有效地實現自然語言通信的電腦系統，特別是其中的軟件系統。

第三，金融搜索引擎。信息的甄別和篩選對於金融行業來說尤為重要，但其工作量和工作難度往往較大。金融搜索引擎正是為了數據和信息的收集、整理、分析而生，其實質就是信息平台，為供需雙方提供撮合和對接服務。對於信息處理，人工智能不僅能夠做到有序分級的收集、存儲，還能夠依據某些算法克服主觀判斷傾向帶來的影響，

從而更好地利用那些真正會對資產價格產生影響的信息。例如，金融搜索引擎 Alphasense 能夠從大量數據噪聲中尋找有價值的信息，通過對文件和新聞的研究整合投資信息，並進行語義分析，從而提高工作效率。此外，金融交易並不是在金融搜索引擎上直接進行，因此不會形成閉環，當然這也可能造成金融交易把控性的不足，但通過大數據風控系統，加強對第三方平台的監管，可以在一定程度上彌補該缺點。

第四，智能投資顧問。傳統的投資顧問模式需要高素質的理財顧問來幫助投資者規劃符合其投資風險偏好、某一時期資金需求以及某一階段市場表現的投資組合，因此費用高昂，使用者往往局限在高淨值人群中。智能投顧與傳統的人類投顧相比具有透明度高、投資門檻低、個性化等獨特優勢。智能金融正在以一種人機結合的方式提供個性化的輔助決策工具。在邏輯鏈條形成的過程中，智能投顧以最少的人工干預方式幫助投資者進行資產配置及管理，讓投資人更容易獲得

數據和分析層面的支持，從而將更多的精力投入更加重要的工作。藉助電腦和量化交易技術，智能投顧平台可為經過問卷評估的客戶提供量身定制的資產投資組合建議。

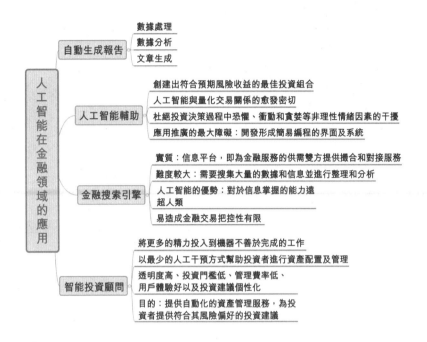

人工智能對金融領域的顛覆性影響

作為人類經濟的命脈，金融是商業的最高形態，而智能化無疑是未來金融發展的重要趨勢。人工智能技術激發了傳統金融行業的轉型和創新，未來銀行、證券、保險業將以怎樣的形態存在並服務於人類，都是值得我們思考和關注的問題。

第一，人工智能正前所未有地重度衝擊銀行業。銀行的智能化程度會越來越高，未來銀行網點數量會大大縮減。對於一些標準化的、常規流程化的以及低附加值的業務崗位，人工智能將展現出顯著的「遷徙替代」效應。例如，信用審查這類傳統的、需要線下操作並耗費大量人力、時間成本的崗位將大規模地被人工智能取代。此外，人工智能已開始從技術層和理念層上全面進入銀行業務，面對前端客戶，因此將從根本上改變傳統銀行和網絡銀行之間的關係。

在中國，銀行業在人工智能的開發和應用方面可以説是走在了最前端。例如，廣發銀行打造了全行統一的數據挖掘分析平台。該平台通過 SAS 網格技術，實現數據分析的規範管理以及數據分析資源的集中優化管理和共享，極大提高了數據分析處理效率，一定程度上避免了系統資源的重複投入。

交通銀行推出了採用語音識別和人臉識別技術的智能網點機械人「交交」。「交交」可以進行語音交流、識別客戶、介紹銀行的業務，進而改善客戶的使用體驗。

平安銀行運用人像識別技術，在特定區域進行整體監控，提升銀行物理區域的安全性。該套系統還能識別銀行重要客戶並實現個性化服務。

中信銀行引入曠視（Face++）「人臉識別技術」幫助客戶辦理銀行業務中的遠程在線身份核查。當客戶無法親臨櫃面或沒帶身份證時，可以通過移動終端或智能手機進行身份驗證。

第二，對於證券業來説，人工智能會加速新認知的產生，實現預測的科學化、投資的及時化。隨着近幾年大數據、區域鏈和雲端運算等技術的廣泛應用，人工智能具備了超越其設計開發者的認知和視野的能力。在證券投資中，人工智能的主要應用便是在大數據中找到規律及相關性，並依據其所得規律進行市場預測，一方面通過算法模型對市場趨勢做出精確預測，另一方面可以結合用戶的資產配置情況以及自身需求進行規劃。在此基礎上產生的，首先是投資建議生成的變革，大部分的初級證券分析師都將被人工智能代理取代。其次是交易的變革，人工智能將以更高的精度和更敏捷的反應完成交易。再次是行業結構的變革，證券投資人工智能代理的普遍性、複雜性的提高必然會促進新業態的產生。

除了對投資機構的影響外，人工智能對於普通投資者的理財則具有極大的幫助作用。傳統的投資顧問所需要的昂貴的人工費用使其服務對象較為局限，人工智能藉助電腦和量化交易技術，可以最低人工干預的方式幫助投資者進行資產配置及管理。例如，投資者可以通過智能代理交易程序輕鬆地同時跟蹤幾百個不同的金融產品的走勢，實時觀察申報單、高頻交易等數據。毫不誇張地説，以往「人眼盯盤、手工下單、人工查詢」的交易模式將被打破，投資人可以委託自己專屬的人工智能完成所有需完成的工作。當然，當下人工智能還不能完全替代人腦做出投資決策，投資在今後一段時間中仍然主要還是依靠於人類本身的決策。

第三，具有前瞻性的人工智能將對傳統保險業造成極大衝擊，改寫保險業的

運營生態勢在必行。大數據和人工智能的發展使人們更容易辨別未來的風險，從而對保險的價值產生疑問。人工智能在保險業的應用包括以下幾方面：一是通過建立人工智能客服中心，進一步降低保險公司的用人成本，提高運作效率；二是簡化標準化的評估索賠，通過對聲明的語言進行解析，判斷信息的相關性，並將信息傳遞給負責人，減少手動輸入信息的繁瑣；三是利用圖片識別技術反欺詐，依靠後台技術識別和判定，結合對理賠者信用程度的判斷，在短時間內在線完成絕大多數理賠；四是智能保險投顧精確產品推薦，通過數據搜集和分析，給保險公司提供更精準的風控方案和定價模型，並為客戶制訂個性化的保單。

在人工智能給保險行業帶來積極改變的同時，裁員等問題也開始凸顯。例如，日本壽險巨頭富國生命保險因在 2017 年 1 月引入人工智能系統，計劃裁減近 30% 的理賠部門員工，這將為其每年節省約 1.4 億日元的人工成本，但也存在着下崗員工的安置問題。不過，實現人工智能的全面應用還需要很長一段時間，目前人類仍是「決策過程中的主要參與者」，人工智能是其助力器。在這一背景下，保險公司也可以使用深度學習技術實現受損汽車修理費用估算的自動化，讓人類保險雇員有更多的時間去完成更加擅長的工作。

從以上情況和分析可以看出，儘管人工智能本身的研究與應用還處於初期階段，與銀行業、證券業、保險業的結合還存在很大的想像空間，但不可否認的是，人工智能即將帶來的衝擊是巨大的。對此，我們可以進行以下四個方面的總結。

第一，改變金融業的行業生態，增強服務的個性化、智能化和精準化。金融業受到人工智能領域巨大衝擊的主要原因之一就在於其用人成本過高。隨着技術的進步，人工智能將在算法上取得巨大突破，在任務處理上的準確率將得到極大提升，從而大大降低企業成本，並能夠與客戶實現點對點的接觸，使管理更加便捷、迅速。人工智能技術投資人、美國競爭力委員會（USCC）高級顧問馬克·麥納維奇（Mark Minevich）認為一場人工智能颶風將席捲整個金融行業，高收入的華爾街交易員將被拋棄。2000 年，高盛位於紐約的股票現金交易部門大約有 600 個交易員，而到 2017 年交易員數量已降為個位數。

第二，推動金融服務模式的綜合性拓展。從大趨勢來看，人工智能將成為決定金融業能否發現客戶需求、有效溝通客戶的關鍵因素。互聯網技術大規模應用以來，網上銀行、手機應用程序的出現已經降低了銀行服務客戶的成本，但是客

戶與金融機構的交流是單向的，金融機構仍需要投入大量人力、物力資源用於客戶關係的維護。相比之下，人工智能的前端可以作為服務客戶的端口，中端可以作為支持授信、各類金融交易和金融分析的決策節點，後台則為風險防控和監督的窗口，將大大改變金融服務的現有格局，高效、低成本地實現人性化和個性化的服務，推動金融服務的個性化與智能化發展。

第三，推動金融行業的大數據處理能力。在金融交易與風險管理這種需要進行複雜數據計算的領域，人工智能的應用將大幅度提升人們的金融風控以及業務處理能力。金融業與其他各行業間存在着緊密的關係，其間包含着大量有用或無用的數據，這些數據往往都是以非結構化的形式存在。人工智能可以獲取書籍、新聞報道、綜藝節目、互聯網數據、金融數據、國家政策等一切有助於理解市場趨勢的信息，並能持續不斷地對信息進行觀察和優化，從而對股票、債券及其他金融產品做出預測。

第四，推動金融監管的轉型升級。人工智能技術不僅可以服務於金融交易和金融決策，還可以服務於金融監管。正如中國人民銀行金融研究局原局長謝平所說，人工智能完全可以勝任「一行三會」所有領導的工作。究其原因有三：首先，人工智能能夠在真正意義上獲取「大數據」；其次，人工智能可以嚴格執行任何參數，並自動校准算法，使得檢測結果更加客觀；最後，人工智能可以統計、掌握和使用最大程度上的金融監管知識。2015年，美國軟件公司 Neurensic 已開發出模仿人類大腦運作方式的程序，用於判斷交易是否具有欺騙性和破壞性。2016年，納斯達克交易所聯合高盛集團和瑞士信貸資產管理公司對一家開發「認知計算」的矽谷初創公司進行投資。

結語：智能金融的變與不變

我們可以據此猜測，最早實現人工智能應用的領域應該是智能金融和無人駕駛。人工智能之所以得到迅猛發展，主要原因在於深度學習算法和大數據技術的積澱。人工智能對銀行、保險、證券等金融行業的影響是以該行業的數據積累為起點，結合深度學習算法和智能化操作而進行的。

在未來，智能金融將成為金融業發展的重要方向之一，而數據在其中可能會

發揮極其重要的作用。數據在某種程度上也是金融的本質,許多金融工具都建立在數據建模和風險定價的基礎上,擁有海量用戶數據的互聯網公司以及科技公司極有可能通過數據挖掘和建模成為傳統金融公司之外的數據金融新貴。數據作為轉賬、支付、購買等金融業務的支撐,可以加速理財、信貸和保險的轉型升級。區塊鏈、雲端運算等新的數據技術也將被整合至金融框架之中。

同時,將人工智能應用於金融業也存在着一些風險。1987 年 10 月 19 日,美國華爾街出現了史上最大規模的股市崩盤事件,其中一個重要的原因就是程序化交易即「投資組合保險」策略導致了系統性拋售。可以做一個猜想,如果人工智能同時作出相同的或類似的判斷,例如在某一時間點大量賣出股票、期貨,市場危機是否會重現?另一個較為普遍的問題對於金融領域而言也同樣存在,即人工智能會不會覺醒從而成為獨立的存在?

從技術開發上看,人工智能技術和金融業之間的聯繫仍舊不夠充分,人工智能從業員和金融從業員仍舊缺乏有效的溝通,大量一流的人工智能和機器學習(AI/ML)人才目前還集中在互聯網公司,留給金融服務類公司的人才並不多。從效益比來看,目前智能金融的投入產出在現階段不成正比,短時間內難以獲得收益。這與其前期需要大量的人力和數據有關。技術性的難題也尚有很多,例如人工智能在金融領域的模式選擇等。

金融是複雜多變的。或許在未來一段時間內,人工智能的整體影響還是有限,但在利潤較高、數據結構化、問題定義明確的領域,人工智能將率先凸顯其作用。當下,金融與人工智能間的合作很多是以實驗室的方式展開,這種實驗型的合作方式通過探索對不同場景和環境的適應,使得人工智能在金融業中的應用更加合理。金融領域的人工智能如果發展到一定程度,或許會加速整個社會的人工智能發展,也或許會讓一些行業永久消失,但這在客觀上卻是人類文明的一大進步。

第三章

共享智能汽車對汽車行業的影響

夫水行莫如用舟，而陸行莫如用車。以舟之可行於水也而求推之於陸，則沒世不行尋常。

——《莊子·天運》

人類應該成為星際物種，我寧願死在火星上——當然不是一頭撞死。

——埃隆·馬斯克（特斯拉創始人、CEO）

提要

　　未來交通新模式將是在無人駕駛的基礎上逐步演進的共享智能汽車。在未來，超大城市的居民不再以擁有汽車作為生活的必要條件，而智能共享汽車也將對環境污染、交通擁堵、停車困難等問題的解決有重要幫助。另一方面，未來共享智能汽車發展的困難不僅體現在技術上，同時更多體現在法律和管理上。如果傳統的汽車製造商完成向無人駕駛服務供應商的轉型，同時個人不再需要擁有汽車，事故問責的問題可能會更易於解決。

　　人工智能技術在交通領域的應用，使得整個行業正發生翻天覆地的變化。放眼國外，谷歌、特斯拉等企業已逐漸發展成為無人駕駛汽車領域的領跑者。在國內，無論是科技型初創公司還是傳統的汽車公司，都在無人駕駛汽車領域取得了相當大的突破。與此同時，共享交通模式的蓬勃發展正引領着國內共享汽車的投資熱潮。隨着無人駕駛和共享汽車的深入發展與高度融合，一種全新的交通模式——共享智能汽車將孕育而生。當然，目前的智能交通在技術和應用層面都存在一些問題，隨着共享智能汽車的發展，對其進行合理監管顯得愈發迫切。

國際上智能駕駛領域的新進展

　　美國、日本、德國對無人駕駛的研究歷史可以追溯到 20 世紀七八十年代。經過三四十年的發展，無人駕駛在人工智能技術的助力下更進一步，實現了將人工智能、控制自動化、環境感知系統、機電一體化、電子電腦等技術融合為一，其中更是涉及算法（深度學習系統）、計算（移動端、雲端芯片）、數據（視覺感知大數據、駕駛人行為大數據）、通信（5G 支撐的移動端到雲端通信）和垂直整合等 5 個維度，包含的具體技術複雜且前沿，也幾乎囊括了下一代信息通信技術。因此，美國將無人駕駛列入國家層次的技術項目，以求佔據信息時代的發展主動權。

　　正因如此，國外許多大型企業也紛紛投入無人駕駛技術研發，力圖搶佔市場先機。在無人駕駛智能硬件層面，各大芯片巨頭也蓄勢待發，通過收購、合作等方式進軍無人駕駛領域。下文將通過以上幾個層面，分別介紹國外智能駕駛領域的新進展。

　　1983 年，美國國防部高級研究計劃局（DAPRA）發起了陸地自動巡航項目（ALV）。此項目的初衷是充分發揮汽車的自主權，通過鏡頭探測外界物理特徵，之後使用電腦進行模擬計算，以實現一定程度的自動駕駛功能。2004 年，一個由 DAPRA 所贊助的科研團隊，使一輛無人駕駛汽車穿越了莫哈維沙漠。同年，在第一屆 DARPA 無人駕駛汽車挑戰賽上，雖然沒有任何比賽團隊的汽車完成比賽全程，但是其中卻誕生了谷歌無人駕駛汽車的雛形。這項賽事也在此後吸引着無數專家、研究人員、學生和汽車工程師前來挑戰，成為無人駕駛汽車技術的搖籃。

2009 年，谷歌成立專門的研發團隊，正式投入無人駕駛汽車領域。同年，一輛由谷歌公司研發、改裝的豐田汽車在加州山景城共行駛了 2.2 萬公里。在此後的 7 年中，谷歌的測試車輛已經在各種路況的道路上行駛了 2000 萬公里的距離。但是，直到 2016 年 12 月 13 日，谷歌才成立了專注於無人駕駛汽車行業的獨立公司——Waymo，以尋求無人駕駛汽車的商業化。2017 年 7 月，Waymo 宣佈與乘車共享服務公司 Lyft 攜手，試圖完成從技術到車廠再到共享出行的生態線建設，這也意味着谷歌公司的無人駕駛汽車更加接近最終的商業化與量產目標。

不可否認，谷歌公司的無人駕駛汽車技術在發展中也碰到了一些問題。比如，到 2016 年 7 月為止，谷歌的 23 輛無人駕駛車共發生過 24 次碰撞，不過責任都不在無人駕駛車本身。2016 年 2 月 14 日，谷歌無人駕駛車零差錯的紀錄被打破，一輛無人駕駛車在美國加利福尼亞州與一輛公交車相撞。該車為了躲避路邊排水管附近放置的障礙物，在右轉後直接轉向道路中間（此時無人車運行時速僅為 3 公里），而緊隨其後的一輛公交車以二十公里的時速駛來。公交車司機誤以為無人車會避讓而未採取緊急措施，導致了事故的發生。

不同於科技型公司，傳統汽車廠商在無人駕駛車的商業化上具有天然優勢，奧迪便是這一領域的佼佼者。2017 年 7 月 11 日，奧迪發佈豪華型轎車——奧迪 A8。激光傳感器、探測器等諸多保障駕駛安全的車載設備是該車最大的亮點，使得該車能夠在複雜的城市道路體驗「自動駕駛」。奧迪官方稱，A8 是全球首款使用激光掃描來感應周圍駕駛環境的量產車型。與此同時，多家傳統汽車廠商也紛紛佈局無人駕駛汽車領域。

美國高速公路安全管理局（NHTSA）按照技術的成熟度，將無人駕駛劃分為 5 個具體發展階段：無自動化、單一功能的自動化、多功能的自動化、有限的自動駕駛和全自動駕駛。美國汽車工程師協會（SAE）則將無人駕駛分為 6 個階段，對 NHTSA 分類中的「多功能級自動化」到「有限的自動駕駛」的過程進行了細分，即分為有條件自動和高度自動。

綜合看來，目前發展無人駕駛的公司大部分着眼於兩個方向，一是有限的自動駕駛，即在已預設的路段（如高速公路和車流較少的城市路段），由汽車自動駕駛並承擔駕駛安全的責任，駕駛員仍需要在特殊時刻掌控汽車，如駛入修路路段時；另一個方向是全自動駕駛，即沒有駕駛員，車輛僅需起點和終點信息，汽車

完全不需要駕駛員的干涉。谷歌、福特和優步公司便是着眼於全自動駕駛，而上文的奧迪 A8 則着眼於有限的自動駕駛。特斯拉公司則雙向發力，在兩個級別的無人駕駛汽車技術上都取得了具有突破性的進展。

2016 年 10 月，特斯拉宣佈其所有車型均將配備全自動駕駛硬件系統。該系統將包含 8 個鏡頭，能夠實現對方圓 250 米的環境進行 360° 的全方位監控。此外，所有車輛均將配有 12 個超聲波傳感器，以完善視覺系統的感應。特斯拉車輛上的前置雷達能夠通過冗餘波長，使其信號能夠穿越雨、霧、霾，乃至前方車輛等視覺障礙。同時，車內的高速處理器能更好地運用數據，運行深度神經網絡下的視覺、雷達與聲吶軟件系統。特斯拉稱，其所有的車型在硬件上都已經達到成熟，以後將專注於軟件建設。特斯拉的領先在於其率先進行量產並大規模投入使用。目前，所有的特斯拉車型都在為其高精度衛星地圖提供數據。據統計，特斯拉 Autopilot 輔助駕駛系統的行駛總里程已近 4 億公里。

神經網絡（Artificial Neural Networks，簡寫為 ANNs）也簡稱為神經網絡（NNs）或稱作連接模型（Connection Model），它是一種模仿動物神經網絡行為特徵，進行分佈式並行信息處理的算法數學模型。這種網絡依靠系統的複雜程度，通過調整內部大量節點之間相互連接的關係，從而達到處理信息的目的。

除了大型技術公司和汽車公司的引領之外，芯片巨頭也早已將目光投入到汽車電子和自動駕駛的廣大領域。目前，人工智能的硬件提供商呈三足鼎立之勢，市場份額基本被英偉達、英特爾、高通三家公司瓜分。

2016 年 1 月，英偉達發佈 Drive PX2 自動駕駛平台。在此之前，特斯拉公司公佈的 Autopilot 2.0 系統，其運算核心便來自 Drive PX2；沃爾沃公司的 XC90 SUV 自動駕駛汽車車型上所搭載的也是 Drive PX2。英偉達還推出了新一代人工智能電腦——Xavier，這款產品將為無人駕駛汽車提供技術支持。2016 年 12 月，英偉達獲許在加州的道路上進行自動駕駛車輛的相關測試。此外，英偉達 CEO 黃仁勳還通過媒體向外界宣佈，英偉達將與百度公司聯手開發自動駕駛平台。

CPU 霸主英特爾也已在無人駕駛行業嶄露頭角。2015 年 6 月，英特爾收購

了芯片製造商阿爾特拉，2016 年 5 月，又收購了研發 AI 架構的創新型初創公司 Nervana Systems。英特爾融合兩者優勢，向無人駕駛的 AI 技術方向進一步發展。此外，英特爾還與寶馬公司以及 Moblieye 組成了戰略同盟，共同進行無人駕駛汽車的研發。

據統計，英特爾一共收購了 5 家無人駕駛相關公司或生產業務線，包括掌握車載電腦 OTA 無線升級相關技術的 Arynga、服務自動駕駛的視覺計算公司 Itseez 及 Movidius、為自動駕駛汽車芯片提供安全工具的 Yogitech 以及深度學習初創公司 Nervana Systems。此後，英特爾還成立了自動駕駛事業部，並加入了奧迪、寶馬及華為等由汽車製造商和通訊企業組成的 5G 汽車聯盟，同時進一步與 Mobileye 和德爾福合作，共同研發自動駕駛汽車。

2016 年 10 月 27 日，高通公司（Qualcomm）以 470 億美元收購了全球最大的車用芯片商——恩智浦半導體公司（NXP Semiconductors）。這筆收購體現出，傳統公司希望藉助這些新興技術公司進軍無人駕駛汽車行業，從而能夠和英特爾這樣的大公司相互對決。英特爾目前已經與起亞、現代、寶馬、勞斯萊斯、豐田、戴姆勒、捷豹以及特斯拉等汽車製造商進行合作。

中國智能駕駛領域的進展

相比於國外智能汽車領域「起步早，階段式發展」的特點，中國國內智能汽車技術的成熟過程突出表現為「起步晚，發展迅猛」的特點。除了內地科技型企業在無人駕駛方面的持續研發外，創新型企業的高速成長同樣令人充滿期待。隨着智能駕駛汽車的全面發展，中國在國家戰略層面也發佈了相關指導報告。下文將從上述幾個層面分別介紹我國智能駕駛領域的新進展。

百度是國內無人駕駛汽車技術的領跑者。早在 2015 年，百度公司所研發的無人駕駛汽車便在北京完成了城市路面全自動駕駛測試。

2016 年，百度的無人駕駛技術進一步發展。11 月 16 日亮相世界互聯網大會後，百度公司的無人駕駛汽車在桐鄉市的道路上實現了公開行駛。這是中國自主研發的無人駕駛汽車首次在開放的城市道路上行駛。在此基礎上，百度的無人駕駛汽車技術再次得到提高。根據 2016 年 8 月 KITTI 數據集的測評，百度無人駕駛

汽車在所有車型的檢測中排名第一，在車輛跟蹤的 6 項指標中取得 4 項第一。在用攝像頭來判斷物體這項指標上，百度無人駕駛汽車的準確率能夠達到 90.13%，對行人方位和紅綠燈的識別率也達到了 95% 和 99.9%。

2017 年 4 月，百度正式宣佈開源「阿波羅計劃」，為汽車行業及自動駕駛領域的合作夥伴提供一個開放、完整、安全的軟件平台，幫助他們融合車輛與硬件系統，快速搭建一套屬於自己的自動駕駛系統。

除了百度之外，其他科技型企業也紛紛參與到汽車智能駕駛的研發當中。2015 年 4 月，阿里巴巴集團正式成立了汽車事業部。2016 年 7 月，阿里與上海汽車集團合作的互聯網汽車 RX5 上市。

除了科技型公司在無人駕駛汽車領域的參與外，傳統汽車公司也紛紛開展了人工智能項目。例如，長安汽車公司發佈了關於無人駕駛汽車的「654」戰略，計劃到 2025 年建立起研發人工智能的千人專業隊伍。奇瑞汽車也與武漢大學合作，研發無人駕駛汽車，並與亞太股份簽署了《智能駕駛技術合作協議》。北京汽車股份有限公司在 2017 年研發出無人駕駛電動車，並面向公眾試乘。

綜上來看，國內企業發展無人駕駛主要是通過「技術＋製造商」的合作模式進行的。

還有一些國內的科技軟件公司選擇軟件開發作為突破口。中科慧眼技術團隊實現了在芯片中對雙目的高速計算。由於兩隻眼睛對同一個物體呈現的圖像存在「視差」，目標距離越遠，視差也就越小，反之，視差越大，視差的大小也就對應着目標物體的遠近。但雙目系統的缺點在於計算量十分巨大，並且對計算單元的性能要求極高，這使得這一技術產品化、小型化的難度較大。

中國的智能駕駛領域還有以下幾家令人期待的創新型企業。比如，馭勢科技（UISEE Technology）是一家專門從事自動駕駛技術研究的初創公司，在雙目視覺方面有着深厚的技術積累，能夠提供低成本純視覺的自動駕駛解決方案，在限制性環境的自動駕駛技術方面取得了相當的進展。從路試距離上來説，百度相比谷歌還有很大差距，而類似馭勢科技這種專業型公司的出現，為國內的自動駕駛技術研究提供了新的動力。

2016 年 10 月，中國汽車工程協會發佈的無人駕駛技術路線圖詳細展示了 2030 年前中國汽車行業各領域的發展藍圖。報告制定了關於無人汽車發展在未來

十五年的詳細發展規劃，並且力求在 2025 年能夠上市。根據該計劃，其後數年內，中國無人駕駛汽車的發展將遵循以下步驟：至 2020 年，中國的無人汽車產業規模將達到 3000 萬輛左右，市場佔有率達到 50% 左右；至 2025 年，無人汽車產業規模達 3500 萬輛，高度自動汽車市場佔有率佔比約 15%；到 2030 年，中國無人汽車產業的總體規模將達到 3800 萬輛。

目前，無人汽車的工廠落地態勢，已然雛形初現：資金規模巨大，佔地面積廣闊，同時覆蓋長三角、珠三角等多個地區，儼然形成華東、華中、華南三足鼎立之態勢。除了可以帶來直接經濟效益的提升外，無人汽車企業還能給新能源的使用、就業和城市生態建設提供助力。因此，國內多個地方政府都推出了相關企業的扶持政策。

未來交通新模式：從無人駕駛到共享智能汽車

毋庸置疑，人工智能和無人駕駛的深度技術融合將顛覆人類的出行方式與生活狀態。2016 年 9 月 19 日，時任美國總統奧巴馬撰文——《無人駕駛同樣安

全》，指出無人駕駛汽車極有可能徹底改變人類現有的生活方式，不僅能夠使人類的生活更加安全，出行更加便利，還能減少大氣污染，避免交通擁堵的現狀。可以説，無人駕駛無論從人類的需求，還是交通安全、交通成本的角度，都值得大規模的推廣。而共享理念的普及，將使無人駕駛和人工智能技術實現多維度的聯合，推動全新的交通模式的誕生，以至於顛覆現有汽車行業。

或許有人會質疑説，自動駕駛的人工智能系統跟人類的司機是沒有辦法比的，因為人類司機不僅可以駕車，還擁有感情，還可以跟乘客聊天。這一觀點在實踐中並不能站得住腳。在汽車替代馬匹的過程中，我們看到，任何一匹馬，無論在嗅覺、與人的交往或者其他一些複雜的事情上都遠遠高於福特的 T 型車。但是馬匹最終仍然被汽車所取代，是因為多數人對交通工具的使用就是希望可以從地點 A 到達地點 B，並且希望可以在更快、更安全、更低成本的方式上加以實現，而不是要去體驗與馬交往的感覺。除此以外，人工智能未必不能實現人機交流，語音識別技術的應用將使得人與機器的情感溝通成為可能。

此外，假如所有的車輛都交給人工智能來駕駛，同時將整個交通控制權交給電腦算法，那麼，所有的車輛就可以形成一個相互聯結的網絡，這樣就可能降低車禍的發生率。

nuTonomy 公司是從麻省理工學院分離出來的一家開發無人駕駛出租車的創業公司。nuTonomy 公司利用了一種形式邏輯來辨別安全避讓的優先等級，從高到低依次為：避讓行人 → 避讓其他車輛 → 避讓障礙物體 → 安全行駛時保持行駛速度 → 遵守交通規則 → 提供乘車舒適性等。該車還內置一種計劃運算程序，即「RRT*」，通過攝像頭和傳感器等硬件設備獲取並評估潛在的行駛路徑，首先選擇符合優先規則等級的路徑。例如，當前方汽車停止並擋住前行道路，nuTonomy 公司的汽車就會打破不跨越道路中線的規則，從而繞過前方停止車輛。

值得注意的是，優步（Uber）等公司正在測試的自動駕駛出租車和貨運車也已基本成型。對於車隊的運營商來説，人工成本遠遠高於自動駕駛的費用。自動駕駛的經濟效益非常明顯。2016 年，傳統出租車的價格是 0.9 美元 / 公里；而根據預計，到 2030 年自動駕駛出租車的價格將是 0.3 美元 / 公里。此外，自動駕駛所採用的拼車功能將減少車流量而使道路更為通暢。當今，普通車輛有超過 90%的時間處於停放狀態，這意味着，自動駕駛出租車和發達的地鐵系統將淘汰九成

以上的汽車。

　　無人駕駛技術的發展，不應該只是「空中樓閣」，為其配備更符合其特性的交通模式勢在必行。而隨着共享理念的深入人心，以無人駕駛技術為依託，共享智能汽車的交通新模式正孕育而生。

　　站在共享經濟的風口，從分時租賃模式中蛻變出來的共享汽車迎來了新的發展契機。途歌 TOGO、盼達出行等企業通過人車互聯，通過投放新能源汽車，嘗試為用戶帶去共享汽車。共享汽車在給城市居民的出行帶來便利的同時，還滿足了無車群眾的汽車出行需求。這類產品能夠實現 24 小時「無人值守」的智能化租車，共享汽車的用戶只需要通過智能手機，便能夠自助完成預定、取車與還車，此外還支持異點還車、移動支付等功能。

　　從汽車的利用效率來說，共享汽車可以實現對時間、空間的充分利用，使汽車使用效率顯著提升，同時降低人們的出行成本。對於人口日益增長的城市而言，共享汽車能夠減少城市的私家車保有量，從而間接地緩解城市的交通擁堵情況。

　　但是，共享汽車在實際運營中也會面臨一些難題。例如，由於共享汽車主要採用的是新能源汽車，其充電是一個較大的問題。目前，電動汽車的充電樁屈指可數，如果大面積地擴建充電停車地點，將耗費大量的資源；如果不修建充電樁，新能源汽車的使用便捷性又將大大降低。此外，分時租賃模式下汽車的停車費、違章罰款、壞賬等責任問題仍然沒有得到有效解決。

　　然而，無人駕駛技術的成熟和應用，將使共享汽車升級為共享智能汽車，進而一併解決上述相關問題。國際戰略諮詢公司羅蘭貝格發佈的《2018 中國汽車共享出行市場分析報告》預測，汽車共享出行的潛在需求到 2018 年有望達到每天 1.6 億次。面對如此龐大的市場需求，未來的共享汽車只有以智能化為核心，藉助大數據、物聯網、無人駕駛等先進科技手段，才能佔據市場主動權。智能化是汽車共享的基礎，共享理念則是智能化的理想境界。相信這類共享智能汽車的發展將極大地改變今後人們的出行方式，同時解決交通擁堵、空氣污染等城市難題。

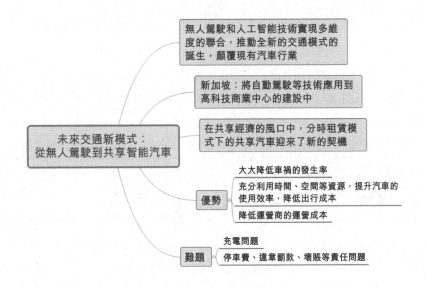

無人駕駛和人工智能技術實現多維度的聯合，推動全新的交通模式的誕生，顛覆現有汽車行業

新加坡：將自動駕駛等技術應用到高科技商業中心的建設中

在共享經濟的風口中，分時租賃模式下的共享汽車迎來了新的契機

未來交通新模式：從無人駕駛到共享智能汽車

優勢
大大降低車禍的發生率
充分利用時間、空間等資源，提升汽車的使用效率，降低出行成本
降低運營商的運營成本

難題
充電問題
停車費、違章罰款、壞賬等責任問題

共享智能汽車的技術、法律和管理問題

不論是在技術上還是在法律與管理上，無人駕駛技術都存在着一些需要解決的問題。人工智能在技術上的最終目標是通用人工智能（Artificial General Intelligence, AGI），或者稱為「強人工智能」（Strong AI）。然而，目前的人工智能還只限於智能的某個特定方面，可以被封為「窄人工智能」（Narrow AI）或「弱人工智能」（Weak AI）。

分析傳感器所採集的數據並進行分析，是無人駕駛最關鍵的技術。然而由於現實世界極其複雜，無人駕駛所運用的算法尤為關鍵。對於算法軟件而言，最難以克服的問題在於如何控制汽車在複雜情況下進行安全行駛。2016 年前後的對於人工駕駛的測試中發生了很多的失誤，説明這一技術並不成熟。比如，2016 年 1 月，特斯拉 Model S 在中國邯鄲的高速公路上由於未能識別一旁的垃圾清掃車而出現事故；同年，另一輛 Model S 在佛羅里達由於誤將白色卡車辨別成為掛在頭頂上的告示牌而導致了汽車事故。

此外，人工智能汽車對於電腦的計算能力有極高的要求。一旦電腦程序發生錯誤或者網絡被黑客入侵，無人汽車的安全將受到極大的威脅。如何在汽車與人之間建構一個有效的溝通和協調機制也至關重要。畢竟，機器和算法缺乏社會化

的思維能力。比如，當有路人向汽車招手時，探測器很難確認是讓汽車停下來還是趕緊駛離。無人駕駛汽車最難做到的就是預測、回應人類的行為。

2016 年 2 月，谷歌無人駕駛汽車在行駛中，誤判後方的一輛巴士將減速，之後與該輛巴士發生擦碰。隨後，谷歌稱公司僅「承擔部分責任」。不難發現，谷歌在這起無人駕駛汽車事故中對擔責問題的態度是——「誰擁有，誰擔責」。

2016 年 1 月，美國聯邦政府宣佈，在未來將投入 40 億美元促進無人駕駛汽車技術的發展。然而，無人駕駛汽車的發展也引發了多方爭議。同年 2 月，美國監管部門通知谷歌公司，按照美國聯邦法律，谷歌無人駕駛汽車足以被視為「司機」，這是無人駕駛技術在世界範圍內邁出的重要一步。2016 年 9 月，針對從事無人駕駛技術研發的廠商，美國交通部發佈了相關指導意見書。這是全球首份無人駕駛法律指導意見書。該指導意見書共有一百多頁，主要列舉了無人駕駛汽車廠商需要提交的 15 項「安全評估」標準，其中包括無人駕駛汽車測試、系統失誤時的補救措施以及無人駕駛程序應該遵守現行的交通法規、避免車輛搭載的軟件被入侵等。2016 年 11 月，美國加州出台了關於無人駕駛技術的許可辦法。

智能汽車時代，私人汽車市場和汽車保險業將遭受衝擊

　　此後，聯合國及多個國家相繼針對無人駕駛的安全法規制定了一系列相關措施。2016 年 1 月 19 日，聯合國制定了關於無人駕駛汽車的國際通行安全法規。2016 年 1 月 29 日，英國交通部門宣佈，道路行駛的無人駕駛汽車是在法律允許範圍內的。在中國，如何加快規範化人工智能汽車運行的規則日益得到相關專家的重視。

　　在上述所有有關無人駕駛汽車的問題當中，共享智能汽車上路運行所面臨的最大瓶頸將是法律、法規和公共管理規則的制定問題。傳統汽車的使用模式是汽車被賣出之後車主擁有所有權，因此汽車造成的問題也由車主來承擔主要責任，除非汽車有明顯的質量問題，相關責任才由汽車製造商來承擔。然而在共享智能汽車時代，由於汽車是由共享智能汽車提供商來控制而不是由車主駕駛，一旦出現事故，就會產生如下問題：

　　第一，車主的責任邊界在哪裡？第二，如果車主避險失敗，那麼由誰來承擔責任？此種情況下，車主和自動駕駛的提供商之間將出現責任的灰色地帶。此外，自動駕駛一般是通過無線網絡進行數據運算與交流的，而網絡運營商並不能時刻保證信號的暢通。假如所出現的故障和網絡通信相關，那麼網絡運營商也應該擔責。因此，在消費者、網絡提供商、汽車製造商和智能駕駛提供商之間，就會出現多個相互交叉的責任灰色區域。

　　解決上述問題需要傳統的汽車製造商的轉型，即通過和無人駕駛技術提供商、出行服務（共享服務）提供商的「三維」合作，成為技術、車輛、出行一體化的智能汽車服務提供商。在這一轉型完成後，消費個體不需要買車，只需要通過購買出行服務，便可以實現出行目的。通過這種「三維一體」，智能服務和汽車生產成為一個主體，這也便於解決事故擔責的問題。

結語：製造商轉型出行服務的大趨勢

　　目前，中國在共享經濟領域的相關實踐已經走到了世界前列。中國已經擁有了諸多共享企業，同時已經形成了較為完整的生態圈。共享汽車作為一種新興的商業模式，反映出中國市場的活躍性以及新的理念在中國市場的適用。共享汽車的出現不能僅僅從表面去認識，而是要落實到共享經濟上。而在未來，共享經濟

在交通領域的運用將是共享理念和無人駕駛技術相結合的共享智能汽車。

共享智能汽車將為交通出行帶來諸多改變。第一，停車問題、交通擁堵問題將得到改善，智能汽車還可以幫助人們更大程度地優化出行的路線；第二，共享智能汽車可能會更大程度地疏解城市地方人口壓力，生活在郊區的人們將由於通勤時間的減少而減輕工作壓力；第三，未來的汽車行業將是一個全新的生態，是一種新的管理方式，汽車生產商可能會變成汽車服務的運行商；第四，由於無人駕駛汽車的發展使得交通事故率較低，其發展將衝擊或重新定義車險行業。

目前，儘管在無人駕駛的整體技術上，西方走在了中國的前面，但中國仍然處於無人駕駛全球水平的第一梯隊。而正如上文所提及的，中國無人駕駛的發展多為「技術＋製造商」的二維合作模式，如果能夠率先達到「技術＋製造商＋出行服務」的「三維一體」模式，共享智能汽車在中國誕生並重新定義汽車行業將不足為奇。

我們還需注意到，中國不僅存在龐大的消費市場，而且中國企業在融資上具備一定的優勢。中國資本流動性的強勁使得優質的人工智能企業能夠立足長遠且健康發展。這些因素都意味着中國在未來很可能會成為共享智能汽車的試驗地，從而更有可能使中國傳統汽車企業在轉型後走向世界前列。

第四章

人工智能時代醫療行業的
機遇與挑戰

長兄於病視神，未有形而除之，故名不出於家。中兄治病，其在毫毛，故名不
出於閭。若扁鵲者，鑱血脈，投毒藥，副肌膚，閒而名出聞於諸侯。

——《史記·鶡冠子》

人的終結、時代的終結都帶着瘟疫和戰爭的面具。威脅着人類生存的是這種萬
物都無法逃避的結局和秩序。

—— 米歇爾·傅柯（法國哲學家）

提要

　　人工智能將從四個方面對醫療行業產生重大影響。智能診斷的水平在各個領域會不斷接近甚至超越人類醫生。手術機械人以及其他智能設備會增強治療的效果。在大數據的支持下，對個體的日常生活進行健康管理的日常化醫療會成為未來醫療領域的新形態。同時，在人工智能輔助下的人性化醫療也會緩解醫院管理中非常顯著的醫患矛盾。未來智能醫療的發展會出現如下三個趨勢：第一，用人工智能的「醫生」補充人類醫護人員，以解決未來醫護人員稀缺的問題；第二，用人工智能協助藥物挖掘，加速藥物開發的過程；第三，在人工智能的基礎上，提高個性化用藥的水平，並通過精準醫療最終解決癌症這一難題。

目前，人工智能在醫療行業中已經開始得到開發和應用。從智能診斷到智能治療，從健康管理到藥物研發，人工智能都在發揮着越來越重要的作用。因此，如何更好地利用人工智能加強醫療行業的能力，以及如何應對人工智能對該行業的衝擊性影響和帶來的長期性變革，將是未來醫療行業的重要發展課題。同時，人工智能在醫療行業的影響，最終也會逐漸擴展至人們的日常生活中，從而對相關領域的社會問題產生重要的影響。

從積極的方面來看，人工智能可以在很大程度上緩解長期以來傳統醫療行業面臨的一系列問題，如醫療資源的匱乏、醫療水平的地區差異、疑難雜症的治療技術發展滯後等。同時，人工智能也很有可能改變人類對自身健康的認識，並在很大程度上改善人們的生活方式。因此，在人工智能的助力之下，人類有希望解決醫療領域所面臨的許多技術難題和社會問題，從而開闢出人類健康和醫療的廣闊新前景。

智能診斷：取代醫生的前景

人工智能在醫療領域的巨大發展，首先得益於醫療數據的不斷積累和數據庫的不斷壯大，同時也得益於機器學習對醫療數據的分析功能的不斷提升。在醫療行業的大數據分析應用層面，表現最為明顯的領域便是智能診斷。

從主體上看，智能診斷的主體依然是醫療機構或醫生個人，但是診斷所運用的技術手段和判斷依據則發生了重要變化。從技術上看，智能診斷首先需要醫療機構和人員利用現代信息技術收集並分析大量數據和信息，對數據進行轉碼、重新構架後存入數據庫系統，以為診斷疾病提供大量的基礎數據；其次，在遇到症狀相似的病例時，人們通過病例分析工具和數據挖掘工具對數據庫中的信息進行充分地分析與處理，運用人工智能的機器學習和計算方法，迅速找准病例的數據依據，從而做出具有高度準確性的診斷決策。

可以説，智能診斷對醫療領域的改造是具有顛覆性的，因為它不僅僅是一種技術創新，更是對醫療產業生產力的變革。簡單來說，醫療資源匱乏的問題，很可能通過智能診斷的應用得以緩解。眾所周知，醫療資源的匱乏首先反映在診斷環節上，但即使是具備豐富工作經驗的醫師，也需要藉先進的醫療設備進行病

症的判別。因此，一所醫院醫療診斷設備的差異能直接反映其醫療條件的好壞，也正是由於這個原因，發達與欠發達地區的醫院會在診斷環節出現較為顯著的差別。甚至即使等級同為三甲的兩家醫院，也會因為設備及醫師診斷經驗的差距而在診斷結果的精確性上顯出不同。

然而，人工智能技術的進一步發展可能會填補該診斷技術的鴻溝。藉醫療大數據的發展，人們得以收集大量的醫療數據，並通過訓練人工智能系統，使人工智能獲得了與專業醫生水平相當的診斷能力。可以設想，如果一般的病例都能夠通過人工智能來進行迅速的診斷，並開出相應的治療藥物或治療方案，那麼初級的醫療資源就可以獲得成倍的增長。不過，智能診斷的作用不僅在於可以提供診斷，還在於可以根據病例的具體情況迅速提供更為精確的診斷，從而為精準化醫療的長遠發展奠定相應的基礎。

目前，醫療診斷領域正在不斷加強對機器學習的應用，這將對一些醫學專業的具體從業員產生根本性的影響，甚至有的醫學專業可能會完全被人工智能所取代。2016 年 9 月，哈佛醫學院的奧伯梅爾（Ziad Obermeyer）與賓夕法尼亞大學的伊曼紐爾（Ezekiel Emanuel）在《新英格蘭醫學雜誌》（The New England Journal of Medicine）上發文，認為醫療保健領域將因機器學習的介入而在醫學領域劃分出輸家和贏家，而病理學家和放射學家將不幸淪為前者。他們解釋道，機器學習技術的深入發展與應用，對醫學領域將產生以下兩個方面的影響。

首先，人工智能將取代放射科醫生和解剖學家。這兩個專業原本要求操作者如同精準的機械人一樣進行模式識別的工作。然而，隨着圖像數據集與電腦視覺大規模地深度結合，人們只要擁有足夠的數據信息，搭載機器學習功能的設備就能夠熟練地做出診斷。目前，放射科機器設備的相關算法已經能夠替代醫生檢視乳房 X 光片，未來其準確性甚至將超過人類。

傳統觀點認為，由於放射科醫生的工作需要太多的專業技能，而且工作性質過於複雜，所以不可能被機器取代。然而，伴隨着模式識別軟件的發展，以及醫學影像識別技術的進步，人工智能可能比經驗豐富的放射科醫生更能準確地診斷病情。2017 年 7 月，在國際肺結節檢測大賽中，來自中國阿里雲的 ET 對 800 多份肺部 CT 樣片進行分析，最終，ET 在 7 個不同誤報率下發現的肺結節召回率為近 90%，奪得冠軍並打破了世界紀錄。

　　其次，人工智能將進一步提高診斷的準確性。2015 年的一篇論文顯示，幾個不同病理學家對乳腺癌診斷的一致率只有 75%。在不典型的乳腺癌診斷中，這個比例更是下降到不到 50%。顯然，依賴人工而做出的醫學數據分析存在明顯缺陷。一方面，醫生一般依靠以往的經驗進行診斷，而經驗總是有局限的。另一方面，一個醫科學生必須經過十幾年的訓練，才能勝任病理學家的工作。

　　由此可見，準確的診斷在醫療資源匱乏的地區，簡直是一種奢望。目前，醫療機構廣泛使用電子膠片使得醫學影像數據快速增長，美國的醫療數據年增長率達到了 63%，中國也達到了近三成。但是，放射科醫生的年增長率兩國均不足5%，遠低於影像數據的增長幅度。這意味着影像醫師的工作量增大，而相應地很可能會造成診斷準確性的下降，人工智能技術所提供的影像判斷則能彌補這一需求缺口。

　　由此可以窺見，人工智能在醫療診斷領域具有廣闊的發展前景。目前智能診斷應用中最重要的便是對於癌症的診斷。眾所周知，癌症是醫學領域最大的挑戰之一，也是智能診斷發展的重點所在，智能診斷在癌症領域的應用有以下三個方面。

　　第一，有效確定乳腺癌細胞的位置。2012 年，谷歌科學比賽將第一名授予一位來自威斯康辛州的高中生。這名高中生通過人工智能和機器學習技術，在 760 萬個乳腺癌患者樣本數據的基礎上設計了一種確定乳腺癌細胞位置的算法，能夠幫助醫生進行活體組織檢查，其準確率高達 96%，超過目前專科醫生的平均診斷水平。與此同時，商業領域的發展則更進一步。2017 年，來自谷歌與 Verily 公司的科學家們開發了一款能診斷乳腺癌的人工智能產品。病理學家的診斷準確率僅僅為七成，而這一人工智能產品的準確度接近 90%，完全超過了人類的水平。

　　第二，提高肺癌診斷的準確率。一項較早的實驗統計表明，人工智能對肺癌的診斷準確率為 90%，而人類醫生的準確率只有 50%。專業算法不僅能夠為醫生提供參考性的意見，還能捕捉到醫生經常忽視的一些內容，例如腫瘤。2016 年《自然通訊》（*Nature Communications*）上發表的一篇論文，證明了經過培訓的電腦可在評估肺癌組織切片時比病理學家更加精確。研究人員利用兩千多張肺癌基因圖譜和相應的數據庫訓練電腦軟件程式，使其可以確定肉眼難以觀察到的癌症特異性特徵。

第三，利用智能診斷技術提高皮膚癌診斷的準確率。2017 年 1 月，《自然》（*Nature*）雜誌上刊載的文章表明，深度神經網絡技術能夠對皮膚病專家進行診斷水平的評估分類。實驗人員首先讓深度神經網絡分析學習了近 13 萬張皮膚病的圖片，之後，20 位人類醫生與機器醫生展開了皮膚癌診斷能力比賽。比賽共分為兩輪，第一輪區分良性脂溢性角化病和角質細胞癌，第二輪區分良性痣和惡性黑素瘤。最終，機械人醫生正確識別的綜合靈敏度超過 90%，打敗了人類醫生。該實驗證明，在皮膚癌診斷領域，機器診斷的準確率已經達到了人類醫學專家的水平。

在智能診斷領域，推動人工智能具體應用的主要力量，是重要的科技類企業，其中最具代表性的是 IBM。Watson 機械人是 IBM 在智能診斷領域的前沿產品，這個強大的 AI 系統在醫療領域深耕多年。相對於人類醫生，Watson 機械人在疾病診斷工作中具備更多的優勢。

首先，Watson 可以將人類歷史上所有已知的疾病和藥物信息全部存儲在不斷更新的數據庫中。其次，Watson 能完整地測試患者的整個基因組，了解其病史以及親朋好友的基因組和病史，還可還原患者近期的行動軌跡，從而完整展示患者的個人疾病和基因狀況，包括一些重要關聯人的信息。再次，Watson 所展示的是診斷對象在一個時間段內的動態信息，而不僅是靜態信息，並通過匯聚不同類型的信息，還原患者的完整圖景。此外，人工智能可以隨時隨地、永不停歇地工作，相比人類醫生需要階段性的休息，這是醫療機械人的一個明顯優勢。

最後，Watson 不僅對診斷指標等外部信號的判斷正確率高於人類醫生，還能有效分析人類醫生不易敏銳判斷的內部指標，如實時的血壓、腦部活動和其他生物統計資料。Watson 系統主要專注於癌症診斷領域，診斷範圍包括乳腺癌、直腸癌、肺癌、宮頸癌和胃癌等，也涵蓋了糖尿病、心臟病等重大疾病，這些覆蓋領域也在不斷拓展。值得一提的是，Watson 在中國的商業化運作也開始逐步落地，未來的規模化應用十分值得期待。

醫學影像與人工智能技術的結合是電子醫療領域的新型分支。這一分支的發展無論對患者還是對醫院而言，幫助都是巨大的。患者可以更快地獲得準確的 X 光、B 超、CT 等影像診斷結果，同時能夠得到更準確的治療；醫生能夠更快地讀取影像信息，從而進行輔助診斷；醫院也將通過雲端平台的支持，建立大型數據庫，進而降低診斷成本。

智能治療：手術中的「達文西」

在智能診斷的基礎上，人工智能也正在被應用於治療領域，其中最重要的應用形式便是手術機械人。實際上，在這一次人工智能浪潮興起之前，手術機械人已經有大約 30 年的研發和應用的歷史，但相應的成本一直比較高昂。而隨着人工智能技術的興起，手術機械人也面臨着新的發展，可以預期的是，其成本也會隨着技術的普及而逐漸降低，從而可以造福更多的人。目前，手術機械人已經能夠很好地協助醫生實施手術，尤其在微創外科領域，可以發揮十分有效和準確的作用。手術機械人可以分為兩個層級：一是醫生控制的機械人；二是全自動的機械人。到目前為止，由醫生控制的手術機械人系統發展得較為成熟，其中一些具有代表性且相互競爭的系統，可以體現出一定的發展脈絡。

第一，達文西手術機械人。目前，達文西手術機械人系統（Da Vinci Robot-assisted Surgical System）是全球應用最廣泛且最為成功的手術機械人，它能夠應用於普外科、泌尿科、胸外科、心血管外科、小兒外科、婦科等領域。達文西機械人集成了三維高清視野、可轉腕手術器械和直覺式動作控制三大特性，從而能夠在外科手術中更廣泛地應用微創技術。該系統由位於手術室內的手術台和手術室外的遠程控制終端兩部分構成。系統內的手術台是一個擁有 3 個機器手臂的機械人，負責對手術台上的病人實施具體手術。

這些機器手臂的靈活性要遠高於人類，且手臂上的微型攝像機可以進入人體內部。同時，機器手臂還可以完成某些人類醫師難以完成的高難度手術。在遠程的終端設備上，電腦可以通過幾台攝像機拍攝的二維圖像最終還原為高清的三維圖像，從而讓醫生可以監督或者干預手術的過程。在技術層面上，隨着人工智能技術的不斷應用，其他實力雄厚的新興手術機械人正不斷挑戰着「達文西」的地位。

第二，Verb 微創手術機械人。Verb Surgical 公司由谷歌母公司 Alphabet 和強生（Johnson & Johnson）聯合建立，其在微創手術機械人領域的主打產品便是 Verb。Verb 微創手術機械人在體積、功能、使用安全和價格方面比達文西手術機械人更具優勢。該智能化手術機械人不僅在體積上更精緻小巧，在功能上也更具多樣性和延展性。它摒棄了遠程實施手術的想法，允許操作手術的醫生更靠近

手術台。與現有的手術機械人相比，未來的新型手術機械人將更多地運用人工智能、深度學習和大數據的相關技術，從而使得相應的研發原理和操作流程發生根本的改變。

第三，MAKO 機械臂手術輔助系統。2013 年，美國整形設備製造商 Stryker 收購了外科治療公司 MAKO，後者最為關鍵的技術就是 MAKO 機械臂手術輔助系統。該系統主要應用於膝關節單髁置換和全膝關節成形術，可以進行實時手術。在切開手術部位的組織之前，該系統允許進行更多的膝關節軟組織平衡的修正，還可以為手術置入物的定位、腿的長度以及偏移情況提供精確的數據，更可以單獨為髖關節手術平台提供擴展應用。

第四，SPORT Surgical 機械人手術系統。該系統是位於加拿大多倫多的泰坦醫療公司（Titan Medical）開發的項目，其價格遠遠低於達文西手術機械人。SPORT 系統將手術台、單切口鏡頭、置和多關節器材結合，並旨在將機械人手術精細化。手術醫生藉助該系統，僅通過一個切口即可進行微創手術。目前，泰坦醫療公司主要聚焦普通外科（膽囊、闌尾切除術），婦科（子宮切除良性腫瘤）和泌尿科三種手術類型。值得一提的是，2017 年 8 月，泰坦公司宣佈，已經完成與中國龍泰醫療有限公司的交易，這使得龍泰醫療成為泰坦公司的最大股東。

當然，由醫生控制的手術機械人遠遠不止這四種，國內外的許多醫療公司和科研機構都在不斷開發新型的手術機械人系統，並且正逐步將其投入市場。但是，這種手術機械人仍然需要醫生的控制，因此嚴格來說並不是完全意義上的機械人。相比之下，全自動的手術機械人在技術上更進一步，也更能體現智能化的前沿水平。目前，全自動的手術機械人依然處於實驗室階段，但已顯示出巨大的發展潛力。

位於華盛頓的美國國家兒童健康系統（Children's National Health System）的研究團隊正致力於開發能夠取代醫生雙手的自主手術機械人，他們認為這樣能夠提高手術的效率和安全性。2016 年 5 月，該團隊在著名期刊《科學轉化醫學》（Science Translational Medicine）上公佈了他們的研究成果——STAR（Smart Tissue Autonomous Robot），即智能組織自主手術機械人。這是全球第一台可以處理軟組織的自主手術機械人。

自主手術機械人研究進展乏力有兩個重要的技術原因：一是缺少區分和監

測目標組織器官的可視化系統，二是缺少能夠執行複雜手術任務的智能算法。但是，STAR 內部全新架構的成像系統與智能算法，使其不僅可以制定手術方案，還可以根據成像系統傳回的信息，判斷組織的變化，進而對手術方案作出調整。為了檢驗效果，研究團隊選擇了複雜性比較高的腸吻合手術，讓 STAR 與熟練的外科醫生、達文西機械人三者做了實驗比較。

從研究論文中的結果來看，無論是在離體還是在活體的吻合術中，STAR 都要明顯優於熟練的外科醫生和達文西手術系統。目前，STAR 自主手術機械人正在逐步向臨床階段邁進。由此，手術機械人的「輔助」或「助手」的地位將會得到根本改變，智能機器有望真正接手外科醫生的工作，為人類進行外科手術等治療服務。

總體而言，在智能診斷以及智能治療領域，人工智能優於人類的地方在於如下幾點。

第一，人工智能系統可以通過快速的機器學習，不斷提高醫療的精確性和準確率。人類醫生對疾病的診斷往往建立在長時間的學習基礎上，人工智能卻可以在較短時間內利用並行的算法進行快速的機器學習。機器學習的成長速度，遠遠超過人類醫生。也就是説，如果幾個月前人工智能的診斷速度還只是人類診斷速度的百分之幾，幾個月後它的診斷速度就有可能接近人類甚至超過人類。

第二，人類醫生在診斷時往往會受到環境、情緒、精力和注意力等內外因素的干擾，人工智能則不會受到環境、情緒、精力和注意力等因素的干擾。特別是在做手術的過程中，人工智能和機械人的優勢會更為明顯，可以更好地提升手術的質量。因此，無論是醫生控制的機械人還是自主機械人，研發的基本動力都來自人類提高醫療精準性的內在訴求。

日常化護理：大數據與常態健康管理

如前所述，人工智能在醫療領域得以迅速應用和發展的關鍵，實際上在於醫療大數據的積累和數據庫的發展。而這些數據並不僅僅產生於醫學影像的獲得或者醫院診斷的信息錄入，還可以在人們的日常生活中隨時隨地產生。因此，未來的醫療大數據實際上是在人們對自身進行日常健康管理的過程中產生和集中起來

的。在此基礎上，通過人工智能的算法，人們不僅可以對個人的健康狀況進行精準化的把握，還可以通過大數據把握傳染性和季節性疾病的發展狀況，從而做出相應的應對措施。從某種程度上講，這或許是人工智能與人類日常生活融合最為密切的一個領域，可以為人類提供高質量、智能化與日常化的醫療護理服務。從目前的整體發展情況來看，依託大數據和算法技術，人工智能在健康管理領域的發展主要集中在以下六個方面。

第一，大數據與流感預測。早在 2008 年，谷歌就已經推出了流感預測的服務，通過檢測用戶在谷歌上的搜索內容就可以有效地追蹤流感爆發的跡象。例如，「頭痛發燒」「惡心」和「打噴嚏」等關鍵詞的搜索次數在某一區域內日常約為每日 20 萬次，當某一時間段這些關鍵詞的搜索次數急劇上升到 60 萬至 80 萬時，谷歌服務器就會判斷必須對疫情進行預判和警戒。谷歌還會通過分析用戶的電子郵件，並將用戶的搜索情況與之關聯，從而更加精確地研判出這類疫情的發生。此外，谷歌基線研究項目（Google Baseline Study）希望建立一個龐大的人類健康數據庫，找出完全健康的人類基因模型。根據這個數據庫，只要發現用戶的健康數據與模型有出入，谷歌就會提醒用戶可能出現的健康問題，使其進行預防。

谷歌健康（Google Fit）平台開發了一系列可穿戴設備，包括衣服、鞋子、手環、眼鏡等。這些產品都在不斷收集海量的生物統計數據並與谷歌基線研究結合起來，以提供更加強大的應用。不難看出，結合大數據和互聯網技術，我們可以對某些傳染性疾病進行較為及時、準確的監控和預防，並在建立一些數據庫、智能分析模型後，使得這些活動更為便捷和迅速。

第二，機器學習與血糖管理。2015 年 11 月，《細胞》（Cell）雜誌發表的一篇文章闡釋了機器學習應用於營養學的積極意義。該研究團隊首先對 800 名志願者進行標準化飲食試驗，採集了他們的血樣、糞便，收集了血糖、腸道菌群等多項數據，並使用調查問卷等形式收集飲食、鍛煉以及睡眠數據。研究者發現，即便食用同樣的食物，不同人依然會產生具有相當大差異的反應。因此，以往通過直觀經驗而得出的一般性的飲食攝入建議，往往都是不能與每個人完美匹配的。

接著，研究者開發了一套「機器學習」算法，通過分析學習人們的腸道菌群特徵與餐後血糖水平之間的關聯，從而嘗試對標準化食品進行血糖影響預測。經過 800 名志願者的數據「訓練」之後，這套機器學習算法所建立起的預測模型，

在新的一批志願者身上得到了有效驗證。此後，研究團隊進一步驗證了機器學習能否進行健康飲食指導。他們對新的一組志願者進行分組，使其分別採用機器學習算法給出的膳食建議，以及醫生與營養專家的建議。其中膳食建議也分為了一週的「健康飲食」與一週的「不健康飲食」兩種。

通過細緻比較，他們發現機器學習算法給出了更精準的營養學建議，能夠更好地控制餐後血糖水平，傳統的專家建議則稍遜一籌。不難看出，機器學習的作用在這一研究中得到了充分的體現，在精準營養學上，人工智能可以幫助用戶進行精確的輔助分析，從而使用戶做出更為合適的選擇。

第三，數據庫技術與健康要素監測。位於都柏林的 Nuritas 生物科技公司是一家將人工智能與分子生物學相結合的初創公司，該公司通過建立食品數據庫來識別肽（食品類產品中的某些分子）是否可以作為食物的補充或新的成份。通過機器學習的運用，Nuritas 可以為食品製造企業提供數據挖掘服務，還計劃未來推出面向消費者的個性化營養方案制定產品。

在中國，人工智能生物科技初創公司碳雲智能（iCarbonX）也在從事相關的研發。該公司試圖建立一個健康大數據平台，該平台最終可以利用人工智能技術對這些數據加以處理，幫助人們進行健康管理。不難看出，無論是食品數據庫還是健康大數據平台，都旨在通過大數據與人工智能技術來對人體的健康要素進行監測、記錄，並通過對這些記錄和數據的分析得出更加準確和有效的健康管理計劃。

第四，健康管理與生活品質提升。隨着人們生活水平的不斷提升，對於自身健康的嚴格管理將成為很多人的日常訴求。如果能夠收集到每個人的各方面的健康數據，以這些數據為基礎，通過人工智能的算法，對健康的日常管理就有可能輕鬆實現。相當一批科技公司正在從事相關的研究。美國的 Welltok 公司就是其中的一家。

該公司的核心產品是 CaféWell 健康管理優化平台（CaféWell Health Optimization Platform）。該產品的一個核心理念是，醫療健康服務並不是只有病人才需要，普通人也需要時刻關注和維護自身的健康。通過技術開發和服務拓展，CaféWell 平台可以協助醫療保險商和人口健康管理者引導並激勵用戶改善健康，並且可以針對個人提供精確的健康服務。

IBM 公司也投資了 WellTok，並將其開發的 Watson 平台融入 CaféWell，藉助 Watson 的人工智能認知能力來理解複雜的人類語言，對海量數據進行快速的運算，從而為用戶提供健康管理、慢性病恢復和健康食譜等方面的指導。

當然，與 CaféWell 類似的其他技術平台和服務也在投入開發應用，如前所述，這種趨勢源自人們對自身健康的更高需求在醫療服務之外也需要健康服務作為補充。

第五，人臉識別與情緒分析。位於聖地亞哥的初創企業 Emotient 致力於通過面部表情分析來判定人的情緒。Emotient 起源於加利福尼亞大學的「機器感知實驗室」（Machine Perception Lab），其最終目的是打造一套「無所不在」的人類情感分析系統。Emotient 利用鏡頭來捕捉、記錄面部肌肉運動，並利用其人工智能計算模型來分析面部表情，可以在數秒內解讀出面部表情所代表的意義。這種技術的應用領域其實很廣泛，當其被用於醫療領域，可以藉以判斷病人的感受。目前，Emotient 已經能夠辨別出喜悦、悲傷、憤怒、驚訝等基礎表情，還能夠分析出一些更細微和複雜的表情，比如焦慮以及沮喪。2016 年 1 月，蘋果公司宣佈收購了這家人工智能技術公司，這在某種程度上也説明了這項技術的發展潛力。

第六，醫學分析與人類壽命的預測。人們對健康的重視，實際上就是為了追求更長且更有品質的壽命。如果能夠對於自身的壽命有準確的預期，人們或許能夠更好地對待自身的生活。當然，這也可能導致一些消極的後果。但是，對於醫生而言，如果能夠把握病人的壽命預期，便可以更好地確定相應的治療方案。目前，澳大利亞的科學家已經開始利用人工智能分析醫學影像來預測人的健康狀況和壽命。他們使用機器學習算法分析了資料庫中 48 名 60 歲以上成人胸部的 CT 掃描圖像。

通過分析這些圖像數據，人工智能的算法預測了這些志願者在五年內死亡的概率。通過與實際情況進行對比，這一算法預測的準確率接近 70%，與醫學專家的預測準確率相當。當然，目前由於研究樣本較少，人工智能算法預測的準確率還沒有超過人類專家。但是，人工智能的發展依賴於數據樣本的擴大，如果增加所分析的患者數量和診斷的部位數，就可以獲得更精確的預測率，從而幫助醫生盡早診斷並進行治療。

人性化醫療：緩解醫患矛盾的可能性

　　人工智能的應用，既能夠極大地增加有效的醫療資源，也可以進一步促進醫療的人性化程度。而這種發展最重要的社會效益，便是緩解醫患矛盾，尤其是對於中國這樣醫療資源分佈不均的國家而言。實際上，醫患間的矛盾，並不一定是因為診斷錯誤或者治療失敗，更重要的原因在於醫院所提供的服務並沒有達到患者的要求，或者說患者無法得到應有的或理想中的醫療資源。而一旦產生這種心理，患者往往就會把醫療過程中遇到的問題完全歸咎於醫院，最終導致雙方的矛盾甚至社會衝突的產生。

　　從醫院的角度而言，醫患矛盾的產生，往往也來源於醫療資源無法得到高效合理的利用。事實上，醫療資源常常會因為管理低效和利用不善而產生大量的浪費。例如，美國每年在醫療上的開支接近 3 萬億美元，佔 GDP 的比例超過 18%，但是其中近 7500 億美元在某種程度上是浪費的。比如，一個手術室是需要日常維護的，即使不做手術，其運營成本也可以達到 5000 美元 / 小時。

　　如果在診療的過程中能夠充分利用人工智能的輔助服務和運算安排，不僅可以補充醫療服務的力量，還可以更加合理地分配醫療資源，提高就診效率。例如，運用大數據分析，人工智能可以合理地錯峰安排就診和治療的時間，這樣不僅可以減少患者排隊的時間，也能提高預約和就診的效率，減少醫務人員的工作壓力，使其有更充裕的時間診治患者。人工智能在醫院中也可以應用於其他許多方面，使得諸如掛號、問路、繳費、打印化驗報告等程序變得更加方便快捷。目前，一些醫院已經安裝了自助就診服務的機器，但是這些機器並非嚴格意義上的人工智能，其用戶界面還有待完善。

　　還有一個特別的方面值得注意。由於平均接診時間有限，醫生們在病歷上寫下的字跡龍飛鳳舞成了全世界醫生的「通病」。在病歷逐步電子化之後，書寫的問題雖然得以解決，但病歷上記載的各種描述性語言——有的過於簡潔，有的太過囉唆——對於醫生後續進行病情查閱、檢視或學習參考都非常不便。現在，這類問題有望通過人工智能得到解決。

　　通過語音和自然語言處理技術，人工智能可以將醫生的口述病歷，經由電腦的語音轉換系統進行文字處理，從而形成一個涵蓋了所有關鍵信息的樹狀圖。這

一樹狀圖可以將所有有用的信息清晰、簡潔地總結出來，讓患者或其他醫生對病理歷程一目瞭然，包括患者有何病史，服用過甚麼藥物，待排查的疾病有哪些等。

人工智能除了為患者提供基本的診療服務外，還可以通過智能陪護來照顧患者，用人性化的溫暖言語來撫慰患者，從而舒緩其情緒，加速其康復。這種作用其實是工作繁忙的普通護士很難有時間去發揮的，因此也會成為人工智能應用於醫療時的一種獨特優勢。

目前，人工智能產品已經進入醫院管理與服務之中，就未來的發展趨勢而言，與醫院管理相關的人工智能應用場景將主要集中在兩大領域：一是虛擬醫療助手，二是醫院的智能決策。虛擬醫療助手可以在醫生診療之外提供輔助性的就診諮詢、健康護理和病例跟蹤等服務，相當於「虛擬護士」，能夠對醫院的患者分流起到重要作用，患者也不必非要到醫院才能進行就診的過程。醫院的智能決策則旨在將醫院決策的過程建立在人工智能的基礎上，從而更好地提高醫療資源的利用效率和醫院運行的智能化程度。目前，虛擬醫療助手的代表性產品主要有如下幾個。

第一，Alme Health Coach。這是聊天機械人公司 Next IT 開發的一款慢性病患者虛擬助理，能夠自動幫助慢性病患者規劃日常健康安排、監控睡眠、提供藥物和測試提醒，甚至可以推導出一些不服從按時服藥提醒的患者產生懶惰的原因。如果患者願意分享這些數據，醫生就可以更好地掌握病人的情況，從而進行更有針對性的治療。

第二，電子醫療助手（EMA）。這是美國的 Modernizing Medicine 公司針對專科醫生所開發的一款移動版電子病歷（Electronic Medical Assistant）。醫生通過該 iPad 應用平台，可以實現電子化辦公、診斷等。目前，該產品已經與 Watson 的人工智能系統進行了結合，可以通過對病例數據的匯總和分析來提供更加綜合的服務。通過 EMA，醫生可以快速追蹤每個病人的醫療數據，從而迅速了解病人的病史，並藉助相應的數據分析來判斷最佳的治療方案。

第三，AiCure 治療監測技術。AiCure 是一家位於紐約的初創公司，該公司的主要產品是一款 APP。該 APP 可以利用面部識別技術來判斷患者是否按時服藥，患者數據會通過與《健康保險流通與責任法案》（HIPAA）兼容的網絡實時反饋給醫生或研究人員。更為重要的是，AiCure 可以通過監測等技術手段提升用藥依從

性（患者對用藥方案的執行程度），還能隨着數據的積累而不斷優化檢測與治療方案。

第四，Ask The Doctor。Ask The Doctor 平台於 2010 年在加拿大多倫多建立。該平台的目標是讓患者迅速獲得全世界醫療專家的建議。在這個平台上患者不僅可以向醫生提問，還可以選擇匿名上傳完整的病歷史，以便於醫生提供更準確、成熟的建議。研發者認為，未來的智能助手的發展結果將是遠程醫療，也就是說，患者可以不必去醫院就診。研發人員發現，與人類醫生相比，「AI 醫生」最大的好處是能讓患者詳細地描述自己的病情。醫生在問診時經常打斷患者的病情陳述，相比之下，「AI 醫生」則更善於「傾聽」。而且，患者不用直接面對醫生，問診過程中也允許匿名，這會讓患者更放心地告訴「AI 醫生」自己的敏感問題，醫患交流環境也會更加融洽。

在中國，類似的智能醫療輔助技術和工具也在研發之中。其中，由中國企業研發的導診機械人已經面市，有望緩解就診高峰時醫院人手不足的問題。2017 年 3 月，由科大訊飛公司出品的機械人「曉曼」先後被應用於合肥市第一人民醫院以及北京 301 醫院。「曉曼」基於科大訊飛的智能語音識別、自然語言理解和語音合成等技術，能夠進行醫院位置諮詢、常見病和症狀諮詢以及常見知識問詢等服務，能夠減輕導診人員的重複性諮詢工作，實現對患者的合理分流。

北京進化者機械人科技有限公司研發的「小胖」機械人，則於 2017 年 3 月正式入駐湖北武漢同濟醫院。「小胖」可以實現通過人機對話提供醫院的科室分佈和就醫流程展示、播放醫院宣傳短片，還能夠自建地圖自主運動以及進行充電樁充電等操作。需要說明的是，這款「小胖」機械人也被應用於其他用途，在 2016 年 11 月曾發生過國內第一起「機械人傷人」的意外事件。不過，這僅僅是發展過程中的偶然事件，隨着相關技術的進步和功能的加強，人工智能改善醫療環境的作用將會日益凸顯。

不過，由於既有的政策法規和社會習慣的影響，醫療虛擬助理的應用仍然受到了諸多制約。例如，在政策法規方面，由於醫療責任主體不明，監管部門禁止虛擬護士提供輕微疾病的診斷以及對重症的任何建議，僅僅允許其發揮一定情況下的諮詢的作用。同時，許多醫師也對這些應用質疑重重。譬如，通常情況下，很多患者並不能清楚地認識自身的病情，也不會用專業的術語對其進行描繪。因

此單憑病人自己與機械人溝通，很可能會造成一定的偏誤。毋庸諱言，人類醫師可以有效挖掘出許多病情信息，並在溝通的過程中即時安撫患者，但相較而言，人工智能在長遠的發展中可以具備更多的優勢。醫生們現在所擔心的問題也可以隨着數據的完善、算法的進步和人們素質的提高而得到解決，屆時，人工智能不僅能夠通曉所有病症知識，具備高效輔助人類醫師的能力，還能大大降低醫療成本。

除了醫療虛擬助手之外，人工智能在醫療方面的另一個重要應用便是醫院智能決策。其中的代表性研發者是美國的 AnalyticsMD 公司。這是一家成立於 2013 年的初創公司，致力於提供醫院智能決策分析系統，創始團隊具有豐富的醫療健康以及大數據處理領域經驗。如前所述，傳統醫院管理由於效率低下，大量醫療資源被浪費，因此，AnalyticsMD 試圖利用實時數據追蹤、分析、預測和優化醫院業務，尤其是改善急診室、手術室等系統的運營。該公司開發的 SaaS（軟件即服務，一種創新的軟件應用模式）可以從美國政府醫療網站上收集詳細的醫療數據，並對這些數據進行智能分析，從而給醫生提供最合理的建議，使他們無須再去反覆研究複雜的病例數據，而能夠及時地為病人提供最合適的治療和服務。

這種服務的運用，一方面可以讓醫院的管理者隨時掌握目前的工作狀態和進度，做出更好的選擇，另一方面可以提高看病的質量和效率，使空閒的醫療資源可以迅速得到利用，避免資源的空置和醫患之間的信息不對稱。因此，醫院智能決策系統可以發揮諸多的積極作用，既能夠提升病人就醫的效率與滿意度，又能夠減少醫療資源的浪費，在很大程度上控制相應的醫療成本。

無論是醫療虛擬助手還是醫院智能決策，都是人工智能對醫療領域的改善的具體實例。

智能醫療未來發展的三種積極趨勢

人工智能對於醫療的影響，並不止於上文所概述的智能診斷、智能治療、健康管理和醫療管理等方面的內容，其他如藥物挖掘、生物科技和精準醫療等也是人工智能可以發揮巨大作用的領域。從上文的分析來看，人工智能會進一步推動醫療領域向着智能化、日常化和人性化的方向發展，尤為重要的是可以促進精準

醫療的發展。同時，這些變化也會對醫療行業就業和人類對於自身的認識產生重要影響。從目前來看，人工智能在未來的發展有如下三個值得關注的積極趨勢：第一，用人工智能的「醫生」補充人類醫護人員，以解決未來醫護人員稀缺的問題；第二，用人工智能提高藥物挖掘的效率，加速藥物開發的過程；第三，在人工智能的基礎上，提高個性化用藥的水平，並通過精準醫療最終解決癌症這一難題。下面分而述之。

第一，開發人工智能醫生以緩解醫護人員不足。人類醫生的培養過程非常複雜，且成本相對較高，培養時間較長。例如在美國，醫學專業需要學生在完成本科學位之後再來就讀。即便在發達國家，有經驗的醫護人員的缺乏也是一種常態。而一旦人工智能的技術應用獲得突破，就可以在一個相對較短的時間內訓練出大量具備相關技能的人工智能醫生，進而可以有效地解決人類醫生資源不足的問題。而且，這些醫生可以在全世界的任何地方全年無休地提供醫療服務。當然，這並不意味着在未來所有的人類醫生都會消失，在一些非常複雜的工作中，人類醫生的作用仍然是不可替代的，至少在一定時間範圍內看來如此。除此之外，把那些日常診斷或者程序化的工作交由人工智能來完成，會更加節省醫療成本。

隨着人工智能技術水平的快速提升，未來的情景將是：平均水平的醫生讓人工智能做助理，而平均水平以下的醫生則要做人工智能的助理。如果用於診斷疾病或是預後的數據、圖像能夠標準化、量化、結構化，這些工作基本可以通過人工智能來完成。在確定相應的數據範圍和具體算法後，人工智能可以通過不斷地進行機器學習和積累，逐步完善診斷系統和治療流程。儘管目前來看，人工智能並不是萬能的，但是它的確會在某些具體工作中超越人類，從而取代一部分人的現有作用。

因此，面對人工智能的發展，醫療產業的發展必須加快相關的技術應用的開發，並協調好人類醫生與人工智能之間的配合。在這一方面，中國的「微醫」是一個典型產品。「微醫」是一個移動互聯網醫療健康服務平台，可以提供預約掛號、在線問診、遠程會診、電子處方、藥品配送等互聯網醫療服務。在這個平台上，每天有大量的患者上傳影像數據並請求相關專家協助診斷。醫學人工智能的幫助一方面可以節省醫生的大量重複性工作，使圖像數據和病例首先通過機器進

行初審，再由專家進行復核，其效率將提升 70% 以上，另一方面還可以面向基層醫生提供診療輔助，大約 80% 的常見病可以由人工智能協助基層醫生完成治療，而剩下約 20% 的複雜病例，則可通過互聯網平台請專家進行遠程會診，從而提升基層的診療水平。

第二，人工智能助力藥物挖掘效率。藥物的挖掘和篩選一直是醫療業的重要領域。換言之，藥物研發的水平和規模在某種程度上決定了醫療業的發展形態。從歷史上看，藥物挖掘經歷了隨機篩選藥物、組合化學庫篩選和虛擬藥物篩選三個階段。最初，隨機篩選藥物的典型做法是通過細菌培養法從自然資源中篩選抗菌素，這種做法是低效的。隨着組合化學的出現，人們可以迅速合成大量化合物，並在此基礎上運用高通量篩選的技術完成化合物的篩選，這種做法的缺點則主要在於研發成本較高。到了虛擬藥物篩選階段，人們可以將藥物篩選的過程在電腦上進行模擬，以對化合物可能的活性作出預測，從而進行更具針對性的實體篩選，這樣可以極大地減少藥物開發成本。由此，醫藥領域很早就開始將電腦技術和人工智能應用於藥物挖掘上，並起到了積極的作用。

到目前為止，新藥的研發仍然需要極高的成本，既需要長期的實驗和數十億乃至上百億美元的投入，還要進行反覆的安全性測試，而且即便如此，也無法保證最後真的能夠成功。而人工智能的應用可以在很大程度上緩解相應的問題。例如，在新藥篩選時，可以利用人工智能所具有的策略網絡和評價網絡以及蒙地卡羅樹搜索算法（Monte Carlo Tree Search），從成千上萬種備選化合物中挑選出最具有安全性的化合物，作為新藥的最佳備選者。人工智能還可以協助新藥的安全性檢測，也就是通過對已知藥物的副作用的分析，預先判斷出新藥的副作用及其大小，由此選擇那些產生的副作用危害最小的藥物進入動物實驗和人體試驗，從而大大地節約時間和成本。

據研究人員估算，大約 15% 到 20% 的新藥研發成本都消耗在探索階段。這意味着數億美元的成本，以及數年的研發時間。目前，在藥物挖掘領域，位於美國舊金山的初創公司 Atomwise 是最具代表性的。Atomwise 主要關注於利用深度學習神經網絡來發現新的藥物，具體來說，主要是運用超級電腦、人工智能和複雜的算法模擬製藥過程，來預測新藥品的效果，同時降低研發成本。這使得該公司不僅具有強大的藥物發掘能力，同時極大地降低了發現和研製新藥的成本。例

如，在 2015 年，該公司宣佈在尋找伊波拉病毒治療方案方面獲得了進展。也就是說，在 Atomwise 預測的藥物中，有兩種或許能用來抗擊伊波拉病毒，而這些發現用時僅七天且成本不超過 1000 美元。

第三，利用人工智能和精準醫療治療癌症。在推動精準醫學的發展上，人工智能也發揮着巨大的作用。早在 2011 年，美國國家科學院、美國國立衛生研究院、美國國家工程院以及美國國家科學委員會就共同發出了「邁向精準醫學」的倡議。隨着大數據和人工智能的發展，精準醫療的發展也獲得了相應的技術基礎。如前所述，人工智能在癌症診斷的準確性方面，已經取得了很大的進展。藉助大數據和人工智能，醫生可以檢測出不同癌症病人的不同病變，找到個性化的用藥，並進而利用人工智能完成換藥和配藥工作，大大降低了治療的成本。

癌症是典型的需要精準治療的病症之一。癌細胞來自體內，而且與正常細胞非常相似，在治療的過程中，很難準確找到所有的癌細胞，因此也就難以根除疾病。癌症手術僅僅能夠切除肉眼可以看到的病灶，而對於已經轉移的或者存在於血液和淋巴內的癌細胞則無能為力。而這些未被清除的癌細胞則會重新增殖，從而導致癌症的復發與轉移。儘管化療藥物會發揮一定的作用，但癌細胞可能會產生耐藥性，同時患者的免疫功能則會下降，這樣也容易造成癌症的反覆。

因此，治療癌症的一個非常重要的原則在於，每一個癌症患者都需要根據具體的病情制定個性化的治療方案，而不是採用沒有針對性的一般治療方案。因此，如果有一個專門的治療小組針對某一癌症患者進行藥品的配製，並且對癌細胞變化的反應足夠迅速，那麼癌細胞是可以完全殺死的。然而，如果按照這種方案來治療，其成本是非常高的，甚至會達到上億美元。因此，這種治療方案是非常不經濟的，對大多數患者來說難以承擔。

基於面對癌症的這種特性，可以依靠大數據和人工智能，來提高治療的針對性和精準性。根據目前的研究，導致腫瘤發生的基因錯誤大約在萬的數量級上，而已知的癌症則在百的數量級上。因此，所有可能的惡性基因複製的錯誤和癌症的組合大約有幾百萬到上千萬種。這個數量級就人類的認知能力而言是超大規模的，但是從大數據和人工智能的領域來看則是非常小的。因此，通過人工智能進行大數據分析，可以更有針對性地檢測不同人的不同病變，從而找到適合具體情況的個性化用藥。同時，運用人工智能和大數據也可以檢測患者的新病變，從而

可以幫助癌症患者及時更換新的藥物。此外，這些換藥和配藥的過程都可以在人工智能平台上完成，由此也會大大降低藥品的使用成本。按照這種發展趨勢，人類在未來克服癌症難題，將不再是一種空想。

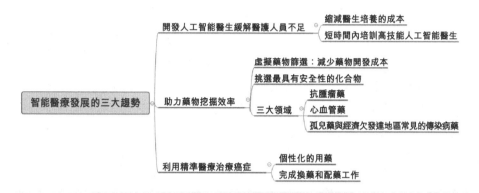

結語：正確應對智能醫療的衝擊

　　醫療領域一直被視作人工智能很有前景的應用領域，人工智能的醫療應用在未來數年內或許能夠幫助數億人改善健康狀況和生活質量。但與此同時，人工智能也會對醫療行業造成一定的衝擊，許多原先由醫生、護士以及醫院管理人員從事的工作可能被人工智能所替代。

　　例如，當人工智能的診斷準確率達到甚至超過人類醫生，人們就會逐步選擇人工智能進行診斷；運用人工智能技術的手術機械人可以完成人類醫生都很難操作的高難度手術；醫院智能管理的應用則可以代替人工來優化患者就診和治療的流程，從而有效減少醫患衝突的發生。當然，由於目前醫療的資源仍然是相對匱乏的，並且各地醫療資源的分佈也不均勻，因此人工智能在醫療領域造成大範圍失業的情況仍然是一種小概率的事件。但是長期來看，上述三個方面的醫療從業員所面臨的失業壓力應該是不可避免的，也就是說，人們會越來越信任人工智能，而不是傳統意義上經驗豐富的「老醫生」。

　　值得關注的是，儘管人工智能已經能夠解決很多醫學上的難題，但是在落地時依然會面臨很多問題，其中有技術問題，但更多的是社會問題。在技術上，目前的人工智能發展首先面臨的就是數據質量的問題。如何獲取高質量的數據是大

部分人工智能醫療企業面臨的共同問題。就目前來看，相關的臨床數據質量並沒有那麼樂觀。

相比之下，社會規則、習慣乃至倫理上的問題，則顯得更為重要。首先，病人的隱私問題需要得到妥善解決。大數據的搜集必然會涉及廣大病人的隱私，而如何協調隱私保護和數據獲得之間的張力，則是智能醫療面臨的重要問題。前文提到的美國國會在 1996 年頒佈的《健康保險便利及責任法案》，就要求各機構必須採取適當措施保護病人信息的私密性，而遵守該法案意味着需要制訂一系列隱私保護的安全標準。其次，社會觀念與監管問題也需要正視。由於傳統觀念的持續性，人們普遍接受智能醫療所需要的過程可能比想像的要長。

同時，要獲得人們的信任，還需要對於人工智能健康醫療大數據和算法使用進行有效監管，並制定相應的法律法規。在這個方面，中國目前落後於西方的一些國家。再次，人類的生命倫理也會面臨挑戰。如前所述，人類有望利用人工智能克服癌症難題，但更為重要的領域其實在於基因編輯，一些科技巨頭希望通過這一技術來實現減緩或者終止人類衰老的進程。這一目標的實現不僅要面對許多技術難題，同樣要面對難以克服的人類倫理的問題。如果人類獲得了某種程度上的「永生」，那麼人類社會的倫理規則就會出現顛覆性的變化。

綜上所述，人工智能在醫學領域得到深入應用的整體發展趨勢已然勢不可擋。在這個過程中，人工智能一方面能夠有效提高人類的整體醫療水平和健康狀況，另一方面也會帶來一定的社會挑戰和衝擊。這在很大程度上也是對「科技是一把雙刃劍」這一論斷的再次證明。但是，人們完全可以通過合理的謀劃與協調，在積極享受人工智能帶來的進步的同時，正確應對智能醫療給人類社會帶來的衝擊。

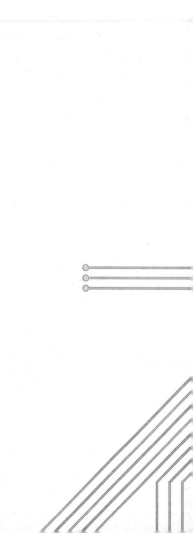

第二部分

人工智能時代的應對與選擇

第五章

從功能分工到趣緣合作：
人工智能時代的職業重塑

讓統治階級在共產主義革命面前發抖吧。無產者在這個革命中失去的只是鎖鏈。他們獲得的將是整個世界。全世界無產者，聯合起來！

——《共產黨宣言》

勞動分工並不是純粹的經濟現象，現代工業造成的勞動分工使它在大多數社會領域都產生了廣泛的影響，促進了現代社會的誕生，但同時也出現了各種社會問題。

——涂爾幹

提要

　　人工智能未來發展的要義，在於其作為一種基礎設施，要提供給人類普遍使用。傳統的職業分工是功能性分工，人工智能時代的到來對現有的職業體系帶來了「結構性失業」和「全面性失業」的風險。在人工智能時代，趣緣合作可能成為職業分工新的模式。把程序化、標準化的工作交給人工智能來完成，這將給人類提供一個前所未有的去思考人文、社會與心靈的新空間。未來的職業規劃將愈發與興趣緊密結合在一起，而終身學習和興趣學習則成為教育革新的重點。從這個意義上講，創新成為人工智能時代的根本要義。現有的職業體系和教育體系都需要為人工智能帶來的「創造性破壞」做好準備。

人工智能時代的到來，將對現有職業格局產生顛覆式影響，那麼我們該如何面向未來進行合理的職業規劃？這是一個現實且緊迫的問題。

作為一種基礎設施：人工智能未來發展的要義

人工智能的發展與普及，將會重塑整個經濟社會。可以斷言，人類在未來的絕大多數活動，都與人工智能息息相關，人工智能將滲透到人類生活中的每一個領域。因此，人工智能未來發展的要義，就是將其作為一種基礎設施，提供給人類普遍使用，就像電力時代人們普遍使用電力一樣。人工智能革命是和雲端運算革命聯繫在一起的，人工智能的本質是算法／計算，我們可以將其理解為一種計算力。這種計算力在很大程度上可以同電力一樣，供人們普遍使用。

電力時代的偉大之處在於，電能可以被存儲起來，只需要接入電網，就可以隨時按照人們的需求來購買和使用。這種模式現在看來是日常生活的一部分，但是在前電力時代，這是很難被理解的。在前電力時代，人們對煤炭等資源的使用總是在需要時將其取出，再從中獲取能源。而電力時代新的消費模式的出現，則要歸功於發電技術、電力存儲技術和電力傳輸技術等一系列技術的革新。

與電力革命類似，雲端運算革命也希望使得產生的計算力像電力一樣能夠按需購買和使用，而不需要用戶單獨去購買一個超大的電腦伺服器。這就需要一些大公司或國家部門來集中提供相應的基礎設施。同時，這也符合這些機構的效益。最初推動雲端運算的公司是像亞馬遜這樣的電商平台。亞馬遜開發雲端運算的一個很重要的原因，在於它的銷售當中會出現明顯的波峰和波谷（例如深夜），而由於必須保證每一個用戶在任何時段訪問網站時網頁都要運行良好，它不得不用具有超級計算能力的電腦「農場」，來維護整個系統的運行。

但這也意味着，在訪問的波谷時會出現大量流量資源的浪費。因此，電商平台將處於波谷時的流量，打包賣給需要這些特別服務的用戶。雲端運算對於許多波峰和波谷存在非常大差距的網絡領域而言，將產生革命性的意義。例如，中國的火車票售票網站，在春運期間就會出現一個流量高峰，而平時的流量卻相對較小，這就產生大量流量的浪費。因此，對這樣的網站而言，購買雲端運算提供的服務就會更加經濟簡便。這也是雲端運算發展如此迅猛的一個背景性原因。

這一原理同樣適用於人工智能。未來人們對人工智能的使用，同樣需要藉助類似雲端運算的按需購買模式。由於成本極其高昂，數十億的用戶不可能分別獨自擁有超級強大的人工智能或者計算能力。因此，人工智能的服務會逐漸集中在能夠提供相應服務的人工智能公司那裡，而用戶可以按需購買人工智能的相應服務。就像電力的生產與消費中的角色一樣，這些人工智能的大公司類似於大型的發電站。用戶需要通過一些設備接入人工智能的網絡，從而按需購買人工智能服務。當然，人工智能作為一種基礎設施被人類普遍使用，仍需要科技上的創新和突破。但是，無論是農業、工業還是服務業，在未來都需要與人工智能的基礎設施相結合，「人工智能＋」將會成為一種普遍範式。就現階段而言，人工智能的發展，也催生了一些重要的職業領域，也就是將人工智能與社會生活連接在一起的職業。

功能分工：傳統的職業規劃與教育

人工智能正在對人類社會的職業產生重大的影響，而要認識這種影響的根本性，就需要考察傳統職業的特點。簡而言之，傳統的職業分途是建立在廣泛的社會分工的基礎上的，或者說，是以社會的功能分工為基礎的。

社會分工是人類社會發展的特有現象，而且在不同社會階段具有不同的特徵。亞當·斯密（Adam Smith）從人的本能和功利主義的立場對這一現象進行了闡釋。他認為社會分工之所以產生，是由「人類的傾向性」造成的，即個體勞動並不能滿足自身的需求，因此需要通過契約、交換和買賣來滿足另一部分的需求。馬克思和恩格斯對社會分工也進行了深刻的分析，他們在《德意志意識形態》（The German Ideology）中說到，分工起初只是性行為方面的分工，後來則是由於天賦（例如體力）、需要、偶然性等因素自發形成的。馬克思後來在《資本論》（Capital）中對此的表述是「由於性別和年齡的差別，也就是在純生理的基礎上產生的一種自然的分工」。不論是亞當·斯密還是馬克思，他們分工理論的起點都是交換。亞當·斯密認為交換的原因存在於人的利己本性之中，而馬克思、恩格斯則認為是因客觀的生產力發展推動的。

涂爾幹在汲取亞當·斯密和馬克思等人的分工理論成果的基礎上，對社會分

工做了更加深入的分析。他認為傳統社會是一個「機械團結」的社會，個人的行動總是自發的、不假思索的和集體的，社會與宗教結為一體，宗教觀念滲透了整個社會。機械團結的一個明顯的標誌是「鎮壓的權利」，即對差別性、異質性的強制壓抑。而現代社會則是「有機團結」的社會，它是建立在個人與群體之間的顯著差異的基礎上。隨着這種差異的日益擴大，社會分工也日益複雜，社會的基本任務只能由人們共同完成，這種專門化分工發展的結果導致相互依賴性的增長。分工的原因則是由於人口的增長，使得「社會容量」增加，與此同時人們之間的交往頻度和強度的「社會密度」也會增加，加之對同類資源的競爭，這些因素共同催生了分工。

涂爾幹並不像亞當·斯密那樣從個體本能出發，而是從社會因素出發去考察社會分工。社會分工的前提是廣泛而普遍的社會生活，以及各個社會成員之間構成的聯繫。涂爾幹更多地是從社會功能分工的角度來思考職業這一問題。首先，職業是社會分工的產物，社會的發展會為絕大多數人提供機會，進而使其嵌入整個社會結構中，受到結構的支配。其次，對於滿足社會功能分工的需要，適應日益專業化的發展，職業規劃和教育成為重要的實現方式。人們就業之前都要經歷長期的職業規劃與教育，使自身獲得社會需要的知識和技能，從而通過就業來滿足社會發展的需要。

但是，這種以功能分工為基礎的職業特性遭到了很多批評。這些批評的一個基本視角，是關於人們通過職業選擇和勞動是否獲得了一定的自由。批評者們發現，人們在職業選擇上最終竟然變成了結構的囚徒，職業不但未能擴展人的自由，還適得其反。

這種批評更多來自左翼思想家，例如馬克思就認為這是勞動本身的異化。在赫伯特·馬爾庫塞（Herbert Marcuse）看來，工業社會成功地壓制了人們心中的否定性、批判性、超越性的向度，從而使人成為「單向度的人」。皮埃爾·布爾迪厄（Pierre Bourdieu）也猛烈批評了當代的教育體系，認為教育成為了階級再生產的工具。由這種批評可以看到傳統職業分途的不足，其中的關鍵就在於，這種在功能分工的基礎上誕生的職業規劃和教育，在某種程度上會抹殺人的主體性與創造性，成為維持現有壓制性結構的「幫兇」。那麼，隨着人工智能時代的到來，這種傳統的職業結構和特點將受到哪些衝擊又會發生甚麼改變呢？

結構性失業和全面性失業

目前，人工智能技術方興未艾，它一方面正以強大的能量重塑着我們這個社會，帶來全新的生活方式，另一方面也會對既存社會體系造成「創造性破壞」，對我們現有生活中的傳統領域造成巨大的衝擊。這種衝擊在就業方面的影響尤其深刻。麻省理工學院的著名經濟學家達龍·阿西莫格魯（Daron Acemoglu）和波士頓大學的帕斯卡爾·雷斯特雷珀（Pascual Restrepo）研究了 1993 年至 2007 年間機械人使用的增加對工業的影響。他們在美國國家經濟研究局（The National Bureau of Economic Research）的工作報告中進一步指出，在這十多年裡，由於機械人的到來，該國勞動力市場失去了 67 萬個工作崗位，其中製造業的情況最為嚴重。但是他們同時指出，這並不意味着人類已經深陷機械人的泥沼之中──目前每 1000 名工作者只對應了 1.75 台機械人。

據其估計，由自動化所造成美國工作崗位的永久損失數量也不會超過 67 萬這個數字，相對而言，美國目前的總工作崗位數量為 14579.8 萬個。

但是，另一些經濟學家則預測，這一數字在 2025 年之前會再翻 4 倍，達到每 1000 名工作者對應 5.25 台機械人，從而機械人可能替代 340 萬勞動工人。

普華永道會計師事務所 2017 年的一份報告顯示：在未來 15 年裡，相比於英國的 30%、日本的 21%，美國則有 38% 的工作機會，面臨着被自動化取代的風險。普華永道英國首席經濟學家約翰·豪斯沃斯（John Hawksworth）稱，美國的主要工作機會集中在交通、金融等服務性部門，這些部門更容易實現自動化，因此被機器取代的風險相對更高。

2013 年，牛津大學的卡爾・本迪特・弗瑞（Carl Benedikt Frey）和邁克爾・奧斯本（Micheal A. Osborne）發表了研究報告《就業的未來》（*The Future of Employment*）。該研究報告對其後 20 年內將被人工智能取代的各項工作的前景進行了調查研究和算法估計。該報告的研究結果是，在美國，到 2033 年時，將有 47% 的工作被人工智能所取代。不同行業被人工智能取代的比例存在一定差異，其中比例最高的就是電話營銷（接近 100%）（如下圖所示）。麻省理工學院的埃里克・布林約爾松（Erik Brynjolfsson）和安德魯・麥卡菲（Andrew McAfee）的報告也指出，由於技術創新的步伐不斷加快，更複雜的軟件技術將會產生，隨之出現的將是大量工人冗餘，進而對勞動力市場造成破壞。

牛津大學 2017 年完成了一項對機器學習研究人員的大型調查，調查內容是他們對人工智能即 AI 的進展的預測。綜合起來，這些研究人員預測，未來 10 年，AI 將在許多活動中表現超過人類。例如，到 2024 年 AI 的語言翻譯水平將超過人類，到 2026 年左右 AI 能夠撰寫相當於高中生水平的文章，到 2027 年 AI 將實現卡車的自動駕駛；此外，到 2031 年，零售業的工作將全部可以由 AI 完成，到 2053 年 AI 將可以從事外科醫生的工作。研究人員認為，在 45 年內 AI 在所有任務中表現超過人類的可能性有 50%，在 120 年內所有的人類工作都將實現自動化。由此，人類歷史即將進入新紀元。而與此同時，一個結構性的矛盾將凸顯出來，失業將成為人工智能時代一個日益重要的社會問題。

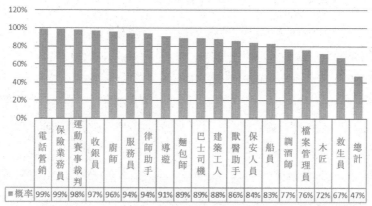

《就業的未來》報告中對 2033 年各行業失業概率的預測

人工智能的發展將造成兩種情況的失業：一種是結構性失業，另一種則是全面性失業。結構性失業方面，在人工智能的衝擊下，某些行業將會受到極大的衝擊，這些行業在較短的時間內，可能會面臨結構性的挑戰，或是存在完全被歷史發展替代的可能。例如，傳統的翻譯行業正在受到人工智能的衝擊，目前谷歌翻譯的水準已經在接近乃至超越人類的翻譯水平。而且，人們正逐漸養成將大段文字放在谷歌翻譯中進行翻譯的習慣，照此趨勢發展下去，必然會導致筆譯和口譯者的失業。不久的將來，人們到一個陌生國家旅行的時候，只需要下載一個谷歌翻譯軟件，就可以與當地民眾進行無障礙交流。

　　情況類似的還有旅遊中介領域。人們會更多地信賴人工智能網站提供的服務，而不是線下的旅遊中介，因為人工智能提供的服務更加廉價和便捷。律師助理行業也將受到人工智能的挑戰。在未來，通過人工智能平台獲取的信息比律師提供的更為精準，這已經成為一個重要的趨勢。

　　以上這些領域受到的衝擊對於就業市場的整體而言，可以稱之為「結構性失業」。這些領域的從業人員會在未來面臨重新擇業的風險。

　　另一種則是全面性失業，即人類的絕大多數職業都會受到人工智能的衝擊，其影響是全覆蓋式的。在《正在消失的職業》一書中，作者提到賣麥芽糖的人、縴夫等職業在消失。這是工業社會對傳統職業的一種衝擊。而人工智能時代到來之後，這種衝擊將更具顛覆性。在過去的幾十年裡，電腦已經取代了人們一些工作，其中包括簿記員、收銀員和手機操作員。未來，儘管不同職業受到的影響有所不同，應對衝擊的調整方式也不一樣，但可以說人工智能將重塑整個社會的職業體系。就連那些人類自認為最擅長的領域，比如文學和藝術，也會成為人工智能入侵的對象——目前人工智能機械人已經可以創造美妙絕倫的樂曲，而百度提供的寫詩功能，其機械人所作古體詩的水平已可以和唐朝著名詩人的詩作相媲美。

　　人工智能的發展對人類就業產生的影響將是顛覆性的，而科學家並沒有指出人類在人工智能時代將何去何從。因此，社會科學家有必要擔起責任去研究關於人類未來發展和命運改變的重大問題。

　　馬克思從唯物史觀的角度，闡明了勞動創造了人和人類社會。勞動不僅創造了人類的物質文明，滿足了人們生存、發展的物質需要，同時，它也提供了人類存在的價值依歸。人工智能時代的到來，使人類社會實現了生產力由開始的「累

積式發展」，到現階段的「跳躍式提升」。但是，這種生產力的創造越來越依靠人工智能來實現，人的勞動的主體性漸漸喪失。這種狀況也就使人類社會陷入一種「失範」的處境。經濟學教授達龍・阿西莫格魯曾向《麻省理工科技評論》（*MIT Technology Review*）提到，政治領導人「完全沒有準備」來面對這個問題：勞動力市場日益分化，高收入認知工作和低收入手工職業的就業人數不斷增加，中等收入的就業機會被逐漸掏空。這不是美國獨有的現象，也同樣適用於一些發達經濟體。因此，如何減少「創造性破壞」所帶來的陣痛，安頓好這些失業群體，日益成為新時期社會治理的重要內容，而這也是適應社會發展的應有之義。

趣緣合作：人工智能時代的新模式

需要指出的是，人工智能所要顛覆的職業和就業體系，實際上已經經歷過現代社會或者工業社會的重構和改進，已經與傳統時代有了很大的不同。經過百年的發展，這些在工業社會中形成的職業體系和組織管理方式，也到了亟待變革的歷史關頭。這裡有必要回顧一下職業和組織管理的傳統變遷，以使我們看清人工智能所帶來的新的變化。在很大程度上，工業社會的就業和組織管理已經形成了一定的模式，而人工智能的到來，不僅要改變具體的職業和就業方式，還會從管理和治理的層面促進新的就業和組織模式的形成。

傳統時代的管理大多可以被稱為一種「應急思維」催生的「經驗管理」。彼時由於生產活動比較分散，組織化程度低，並且人們掌握的知識相對有限，對管理的需求也並不是很多。所以，管理活動都是對前人管理活動的經驗總結，從經驗中產生相應的管理知識。隨着工業化時代的到來，日益複雜的社會結構，對現有的社會組織活動產生了巨大的挑戰，科學管理應運而生。被譽為科學管理之父的弗雷德里克·泰勒（Frederick Taylor）認為提高工作效率的重要手段就是用科學化的、標準化的管理方法代替經驗管理。喬治·梅奧（George Elton Mayo）進行了持續 9 年時間的「霍桑實驗」，同樣是為了探索更好的管理方法。當然，還有一個必須提及的就是馬克斯·韋伯（Max Weber）所研究的最高效的「科層制」，它讓人理解了現代社會中組織的最為一般的特徵和類型。

信息時代的到來已經為人工智能發揮其作用提供了先導條件，並且也改變了相應的組織管理方式。管理大師彼得·德魯克（Peter F. Drucker）在《21 世紀的管理挑戰》（*Management Challenges for the 21st Century*）中提到，信息時代的到來給管理活動帶來了巨大的挑戰，因此需要提出新的管理範式。他提出的面向 21 世紀的新的管理範式，對不同角色的要求不盡相同，但都帶着濃重的信息時代的特性。具體來説，領導者要積極地引導變革，知識工作者要提高知識的輸出效率，絕大多數人則要提高自我管理能力，迎接信息時代的挑戰。在他的另一本書《巨變時代的管理》（*Managing in a Time of Great Change*）中，他還提出了網球雙打型團隊、棒球型團隊、足球型團隊等三種組織和團隊類型。在此基礎上，他反思了現有組織的適應性和靈活性，並將信息時代的重要元素——信息，也融入組織管理活動。我們在今天仍然感覺到德魯克思想之深邃。

然而，德魯克的管理思維實際上仍然是工業時代組織管理的思維。他的管理要依託現有的組織架構，在此基礎上運用科學的管理方法。這與其説是一種管理，不如説是一種「控制」，即保證整個組織在有秩序的情況下，能夠高效地實現組織目標，防止組織出現「失序」。這種思維是有一定來源的，那就是在西方哲學乃至西方文化中人們所堅持的一種「邏各斯中心主義」。它主張一種以在場的邏各斯（指世界的內在規律與本質）為中心的不平等的二元對立結構體系，在這種結構體系中，邏各斯與它的對立方處於暴力的等級制度之中，無論在邏輯上還是在價值上它都居於中心地位，統治和支配着另外一方。

也就是説，離在場的邏各斯越近的範疇就具有相對較高的邏輯地位和價值地位；反之，離在場的邏各斯越遠的範疇就具有相對較低的邏輯地位和價值地位。這種結構的維繫所依託的就是「暴力的等級體系」，這一點可以在啟蒙時期，霍布斯（Thomas Hobbes）所説的國家隱喻——「利維坦」，以及馬基雅維利（Niccolò Machiavelli）論述的「獅子般兇猛、狐狸般狡詐」的君主中找到印證。進而言之，啟蒙時代以來的社會日益形成一個結構化的體系，這種體系最初以一套暴力的等級制度為基礎來維持。而隨着文明的演進，葛蘭西（Antonio Gramsci）所説的社會領域的「文化霸權」也日漸增強。

「邏各斯空間」的中心和邊緣之間乃是有着確定意義的、不可動搖的「不平等關係」的封閉結構。這種結構在很大程度上是現代管理和職業分工的基本依託，人們據此來制定相應的發展規劃和操作流程。但是，隨着人工智能時代的到來，這種結構體系日漸出現鬆動。科技進步所帶來通訊、交流方式以及組織形態的變遷，將開始解構現有的結構體系。工業社會的組織形態是以等級式的科層制為基礎的，而人工智能時代的到來將逐漸打破原有的組織基礎，實現人由「物理空間的集聚」到「網絡虛擬空間的集聚」，這將大大改變人們的工作方式。以往的職業選擇是功能分工的結果，就其本質而言職業選擇也是服從於整個權力結構體系的。在人工智能時代，人們的職業選擇將走向「趣緣合作」，相應的結構體系也會隨之發生改變。

所謂「趣緣合作」，與傳統的血緣、地緣、業緣等概念具有相似的地方，即都是因某些相似特徵而形成一定的關係網絡。例如，社會學上的「業緣」，就是指人們在廣泛的社會分工基礎上，根據一定的職業而形成的複雜的社會關係，它是社會功能分工的產物。「趣緣合作」則是人工智能時代產生的一種新的社會關係網絡形式，它具有以下幾個顯著特徵。

首先，「趣緣合作」是以自由的個體作為基礎來實現的，它是一個興趣共同體。和以往以功能分工的職業的不同之處在於，人們不再是為了謀求生存而工作，而是為了滿足共同的興趣而自發組成相應的共同體。工作的目的是為了更好地生活和自我發展，而「趣緣」的本質則是釋放個體個性、展現個體才華，進而使個體實現自我創造。

其次，「趣緣合作」組成的共同體是一個「開源」的社群。它對有興趣參與其中的人都是開放的，不具有排他性。而且，成員創造的成果也會共享給整個團體

的成員，形成其他成員進行進一步創新的基礎。

最後，「趣緣合作」是一個「混序格局」。職業分工的基礎是社會分工，而在社會分工的過程中存在一個「邏各斯空間」，它限定了每個工作者在結構中的位置。但是，人工智能時代提供了高速流動的物理空間和虛擬空間，因此人們可以逐漸擺脫組織對人的結構化限制，進而催生一種「混序格局」。這種格局並不是「無序」的，它包含因共同興趣的吸引而產生的秩序，只是這種秩序因其高度的流動性，突破了結構的限制。

因此，在可期的未來裡，隨着人工智能對整個社會的再造，以往功能分工的職業模式將成為歷史，迎接人們的將是一種新的工作模式，即以「趣緣合作」為基礎，充分發揮個體自由與創造力的新模式。在這種工作模式下，人們再也不必為了生計而屈就於以往的職業分工。因此，它將給人類帶來個性的舒展、自由的空間與心靈的重塑。正如馬克思所預言的那樣，人類的未來將邁向共產主義，真正地實現個人自由而全面的發展，最終實現自由人的聯合體。當然，在這一過程中，自由是基礎，科技是手段，心靈解放是追求的目標，為了進一步完善自我，堅持終身教育的觀念也是其中的應有之義。

興趣、心靈與終身教育

人工智能時代的到來，一方面將對我們的就業格局和職業選擇產生重要影響，使我們不得不適應社會變革給我們帶來的擇業挑戰，另一方面也帶來了人們對意義世界的重新思考。「人來到世界的意義是甚麼」這樣的問題再也不只是由哲學家們來探討，它將觸動每個渴望自由的靈魂。在人工智能時代，人們可以有更多的時間去培養自己的興趣，將更多的時間用在發展和提升自己方面，真正實現心靈的自由。當然，人的意義在於創造，而不是純粹的享受。為了更好地認識社會和發展自己，終身教育將成為一種重要的路徑選擇。

人工智能的發展使得人們可以把大量的工作交給電腦來完成，這實際上給人類提供了一個前所未有的去思考人文社會與心靈的空間。在文明史的絕大多數時間中，人類總是被饑荒、瘟疫和戰爭所困擾。這使得人們不得不在較長的時間內，為維持基本的生活而奮鬥。其結果便是，絕大多數的人沒有多餘的時間來學

習、理解，甚至欣賞人類創造和保留下來的人文財富。人們或許已經淡忘，書籍進入日常生活其實只有短短一百多年的歷史。在此之前，書籍是貴族或者中上層階級的一種特殊消費品，普通民眾家中是很少有藏書的。音樂同樣如此。音樂被普通人欣賞要歸功於各種科技裝置的發明，例如黑膠唱片、錄音帶、MP3以及其他錄播裝置。與過去相比，當前人文知識在社會中的比重呈現出幾何級的增長。這一趨勢在人工智能時代只會更加顯著。因為當人們把絕大多數與計算相關的工作交給機器之後，人們就會有更多的閒暇時間來安頓自己的心靈。

閒暇時間是哲學上一個重要的概念，馬克思和托斯丹·凡勃倫（Thorstein Bunde Veblen）對此都有一些重要的論述。例如，凡勃倫提出了「有閒階級」的概念，並將其描述為從事非生產性工作的上層階級，在擺脱生產性工作的基礎上獲得了大量的閒暇時間。因此，在他們看來，閒暇在很大程度上是貴族的專利。隨着人工智能時代的到來，當人們把許多複雜的、重複的工作交給機械人以後，普通人也就變成了傳統意義上的貴族，也就有時間來消遣和享受這些精神文化。照此推想，莊子所描述的「逍遙遊」狀態可能會在不久的將來得以實現。馬克思所講的全面而自由發展的人，大抵在人工智能時代也能得以真正實現，共產主義所預言的自由人的聯合體也將向我們走來。

那麼，在人工智能時代，閒暇時間對於人的職業發展的意義何在？可以説，對於未來的職業規劃而言，利用閒暇時間進行不斷的自我學習和發展是至關重要的。從這個意義上講，未來的職業發展是與終身學習結合在一起的。例如，人工智能是歷史發展過程中的新事物，未來與這個領域相關的生產、生活將會佔到非常高的比例。但是到目前為止，各個高校和科研機構還沒有設立相關專業，也就是説在一定時期內，正規的學制教育並不能提供足夠的相關學習或培訓。那麼，人們如何能夠順應這種歷史發展的趨勢，保證在職業選擇時具備相應的技術、能力和心理準備？這就需要依靠終身學習來實現。一些從業員可能原先是數學家、物理學家或心理學家，但是通過跨學科的自我學習，最終成了人工智能領域的專家或從業員。

因此，在很大程度上，未來的畢業不會意味着學習的終結，而是意味着更高難度的學習的開始。自我學習和終身學習，將成為未來人們獲取職業技能和自我發展的更加重要的途徑。同時我們也可以看到，隨着相關自學平台的快速發展，人們可以通過電腦在網上隨時隨地進行自我知識的更新，擁有前所未有的跨學科

學習的機遇。

　　新的時代為終身學習和跨學科學習帶來了根本性的改變，在改變教育模式的同時也極大地增強了自我學習的便利性。這種變化主要體現在以下幾點。

　　第一，搜索引擎和百科網站等平台，給人們的快速學習帶來很大的便利。在此之前，學科知識之間存在許多壁壘，跨學科學習是一件極其困難的事，許多專有名詞因為學科分野就很難被外行人理解。然而，搜索引擎的出現革命性地改變了這一點。搜索引擎可以將所有相關的知識以圖譜的方式展現出來，它既包括像百科這樣完整的概述，也包括一些相關的專業知識、最新進展和新聞報道等。同時，通過一些論壇或者社群，學習者還可以較為方便地與相關愛好者進行更具深度的交流。通過線上或者線下的互動，跨界的學習者在興趣的驅動下，將會更快地融入新的知識群。在這些不同的知識社群之間自由穿梭，將成為未來學習的一種理想狀態，也是個人完善知識體系和實現自我發展的便利途徑。從這個意義上說，搜索以及與搜索相關的持續行為，在當代更好地詮釋了研究者的本意。有趣的是，從詞源上來講，研究（Research）就是要不斷地搜索。

　　第二，終身學習對教育的形式也會造成極大的改變。傳統的教育是以被動式學習為基礎的，老師跟學生之間更多的是一種填鴨式的教育過程。老師給學生定制好每天的內容，學生則按照老師提出的要求，一步步地完成佈置下來的任務，這便是傳統教學的過程。而未來的學習就是要打破這種刻板的按部就班的方式，而主要圍繞着學生的興趣和創新能力展開。一方面，興趣是最好的老師，它將激發學生學習的熱情，釋放更多自由學習的空間，並且將創新的思維融入這種教育過程中；另一方面，終身學習的目的並不是一種功能主義教育觀主導的「有用」教育，而是更大程度地滿足每個學生天性的「私人訂制」。以興趣為引導的新的教育形式將點燃人們對不同知識學習的慾望，而創新則把知識的學習與知識的應用結合在一起，為終身學習提供持續的動力。

　　第三，創新就是創造新的知識和新的實踐的方法，只有創新才能把所學與所用更好地結合在一起，從而原生性地增強學習者的學習興趣。可以說，中國現有的中小學教育並沒有很好地激發孩子的創新能力。清華大學副校長施一公教授舉了一個例子來說明這一點。他的一位以色列朋友在孩子回家之後，總是問孩子，當天在學校有沒有做一些讓老師或者同學感到特別的事情。這句話讓施一公教授

感到慚愧。因為，即便是像他這樣的科學家，幾乎每次在孩子回家之後問孩子的只是，「你在學校聽話嗎？」一種一直以聽話或者按部就班為核心要義的教學方式，如何能為未來中國的創新提供支撐？因此，通過加強創新能力的培養來改變既有的教育方式，並通過教育的改變來增強創新的培養，將成為一種重要趨勢。正是在這個意義上，清華大學經濟管理學院院長錢穎一教授指出，今天的教育就是明天的創新。因此，在人工智能大背景之下，包括中小學乃至大學在內的教育模式需要根本性的變革。

當前，這種新的趨勢已經顯現，傳統的教育已經受到了新事物的衝擊，例如近年來興起的「慕課」（MOOC）和可汗學院。可汗學院提供了一種與傳統的數學教育完全不同的模式。創立者將其對數學的深刻體會用視頻的方式創作出來，引導學生參與和學習。這種新的方式取得了很好的效果，包括比爾‧蓋茨（Bill Gates）在內的名人大家也對其表示欽佩。在未來，這種非正式課堂可能比正式課堂更加重要，人們會更多地從網絡或社群中攝取知識。相比而言，固定課堂的教育方式較為陳舊，所教授的知識也相對刻板，教授者也不一定是全球最好的老師，學習者往往難以培養足夠的興趣和動力，去深入學習和掌握一門知識。而通過新的學習平台，學習者可以跟最一流的研究者進行交流和互動，從而獲取最經典和最前沿的知識。這種新的發展趨勢代表了未來學習的一個重要的模式，同時也為終生學習和自我發展奠定了基礎。

第四，沉浸式教學也將成為未來學習的一種重要的方法。其實現主要有兩種方式。第一種是通過虛擬現實的手段實現，比如外科手術的學習、英語的學習等。虛擬現實會提供一個完全身臨其境的狀態，學習者可以主動的、以一種遊戲的方式參與學習的過程。此外，學習者在學習過程中所產生的大量數據，會反過來為學習者的整體學習和其他學習者的學習提供促進和幫助。對這種沉浸式學習的方式，西方發達國家已經開始進行相關的調查研究，問卷中得出的相關數據表明，這種沉浸式的學習方式將受到學生的追捧，並可能在未來擁有非常多的應用。

另一種沉浸式學習的方式則是把媒體傳播和知識學習結合在一起。例如，當學習者在一定時段內集中於對國學知識的學習，他就可以把與國學相關的視頻、電影、音頻、書本等材料結合起來進行學習。學習者可以在工作間歇翻看電子書，可以在駕駛時收聽相關的音頻，可以在休閒時收聽相關的課程，可以在學習疲倦之後

看一部與國學相關的紀錄片或者電影，還可以參加國學社團的一些線下活動。這樣一來，學習者就會在一個相對集中的時間內完全沉浸在國學的知識當中，從而在較短的時間內實現質的提升。通過這些學習方式的改進，在傳統教育中未被足夠重視的自學習，將成為未來學習中一種重要的形態。因此，未來的學習不是由老師或者領導來決定學習的內容，而是由學習者自己主動去學習，去尋找相關知識，培訓相關技能。由此，學習者的主動性和積極性能夠得到更好的激發，從而產生持續的學習行為，進而實現終身學習以及職業技能的不斷拓展和提升。

結語：打破傳統職業分工的自由人與逍遙遊

儘管人工智能將對人類現有的職業體系造成巨大衝擊，人們也不必為此感到震驚和迷茫。因為長期以來人類就在這種不斷的演化或進化中調整自己，使自身更加適應社會整體的發展。未來的變化會使得人工智能相關領域的從業員數量大幅增加。當然，這些從業員不僅僅是人工智能科學家和工程師。在這些從業員的努力之下，人工智能將會成為一種基礎設施供人類普遍使用，並且從根本上改變人們的生活和工作方式。值得關注的變化是，未來的生產可能會建立在少數人與人工智能合作的基礎上，從而為更多的人提供了大量的閒暇時間。由此，人工智能會讓人們有更多時間和空間專注於人類最擅長的心靈世界，從事人文藝術創作。因此，人文藝術或許也會成為未來人們職業選擇中增長較大的領域。

值得重視的是，人類在未來的職業和就業，將改變既有的職業體系和組織管理方式，也就是弱化在社會分工基礎上的職業模式，並以一種「趣緣合作」的新模式作為替代。這種自職業會模糊工作與生活的界限，讓人們擺脫以職業為基礎的社會結構限制，從而讓生活更加接近莊子所說的「逍遙遊」的境界。當然，興趣對職業重要性的增強，意味着興趣的培養與教育的方式也會發生變化。新的職業模式會要求人們不斷接受新的知識和技能，從而拓展工作和生活的興趣領域，由此，終生學習將成為人們生活中的重要部分。出於拓展和培養的需要，跨學科和跨領域獲取知識，也會成為人類終身學習的一種常態。基於此，現有的教育體系和學習方式也需要為這些深刻的職業變化進行創新，從而更好地適應人類的發展需求，使人們可以更加接近自由全面發展的人的狀態。

第六章

人工智能稅與差別原則：
對被剝奪者的補償

一個正義的體制應當能確保人們生活的基本需要，能確保人們的基本政治自由，能確保機會的開放、均等，並且不平等必須是為補償弱者而設。

——約翰·羅爾斯（美國政治哲學家）

假設工人在工廠做價值五萬美元的工作，該個人會被徵收個人所得稅。如果機械人也做一樣的工作，那麼也應該對機械人徵收相似水平的稅款。

——比爾·蓋茨（美國企業家、微軟公司創始人）

提要

　　人工智能的發展將對未來的就業結構產生重大影響。未來社會的生產部門主要由少數的從業員、機械人以及人工智能共同完成，而憤怒的失業者則構成了社會中的不安定因素。如何對待失業者將成為人工智能時代社會需要研究的重大命題。羅爾斯提出的差別原則，可以為這一問題的解決提供參考。在差別原則之上徵收人工智能稅，用以補償失業者或許是一種可行的辦法。失業者在面對人工智能的浪潮時有兩種選擇，一種是通過學習來提高自己以加入新的就業崗位，另一種是通過心靈的調適，即靜修來追求更為純粹的人的價值和心靈的平靜。

人工智能的發展將造成兩種類型的失業，即結構性失業和全面性失業，對目前人類的職業結構將會造成顛覆性的影響。谷歌資深研究員吳軍在《智能時代》一書中明確提出：「2% 的人將控制未來，成為他們或被淘汰。」換言之，這種能量巨大的失業浪潮將影響到每一個人，並最終對社會結構產生極其深刻的變革。如何採取充分措施應對這一發展趨勢，將是人類要思考解決的重要問題。本章主要考察人工智能引發失業所造成的社會影響，以及人類應該採取何種策略和措施來應對這種消極影響。

機械人＋人工智能：社會的生產部門

隨着智能時代的來臨，人工智能將對人類的就業產生巨大衝擊。美國經濟學家埃里克 · 布林約爾松和安德魯 · 麥卡菲在《與機器賽跑》（*Race Against the Machine*）一書中指出，相比於價格不斷上漲的人類勞動力，機械人廉價且高效，最終會取代人類工人的就業崗位和工作。2009 年，通過使用 O*NET 系統（一個職業信息網絡系統）的計算方法，前美國聯邦儲備委員會副主席艾倫 · 布林德（Alan Blinder）估計，在其後 10 年中，美國 22%～29% 的就業崗位將被取代。這種變化其實早已在歷史上出現過，馬克思就曾經舉例說明技術對於生產效率的提升作用。根據世界著名諮詢公司麥肯錫 2017 年發佈的報告，預計到 2025 年，人工智能應用市場的總值將達到 1270 億美元，而全球約 50% 的工作內容可以實現自動化。由此該報告認為，到 2055 年，當前所有工作內容中的超過一半將實現自動化。這一過程雖存在多重因素影響，但前後誤差不會超過 20 年。

在智能革命全面到來之前，人類社會的生產部門通常被分為三個產業：農業、工業和服務業。在農業社會中，農業是社會經濟中最重要的部門。人們希望通過在農業上的辛勤勞作生產足夠的食物與其他必需品，以滿足生活的基本需求。進入工業時代後，工業逐步變成了社會最重要的生產部門，農業的地位隨之下降，大量的農業人口被半自動化的機械所取代。這些被機器取代的農民被迫離開農村流入城市，並進入工廠接受工業時代的再教育。

在後工業時代，服務業成為社會的主要生產部門。在後工業國家中，服務業

部門的產值在國民生產總值（GDP）中佔了很大的比重。同時，隨着機器大生產進一步發展，自動化的流水線越來越多地被機器手臂所取代，部分技術不夠熟練、無法跟上技術更迭步伐的藍領工人將被機器淘汰，不得不重新選擇職業，進入服務業中的市政維修和物業等境況比較差的一些部門。以上就是從農業社會到後工業社會這一過程中的生產部門變化。在這一變化的過程中，那些從之前的主導產業中被淘汰下來的人們不得不通過職業培訓重新進入新的工作崗位。但吳軍認為，在進入智能時代之後，這種就業轉移將與之前的情形不盡相同，人類不可能再像過去那樣，僅僅是把農業人口轉化為城市人口，把第一、第二產業變成第三產業。因此，人們需要接受一個新的思維方式，利用好大數據和機器智能將變得更加重要。

未來的人工智能時代的生產部門很可能將主要由機械人、人工智能，以及少數工作的人來實現。吳軍認為，協助人工智能完成專門任務的這類人在未來人口中所佔比例為 2%。這或許是一種低估，實際情況也可能是佔到 25% 以上。機械人是生產部門的直接從業員，而人工智能是這些從業員背後的大腦。當然，這些人工智能的從業員也會構成一個龐大的社會群體。在之前的每一次重大技術革命中，首先受益的就是那些與新產業相關，或善於利用新技術的人。那些將人工智能的強大計算能力與社會需求連接在一起的工作，仍然需要大量的人來完成。換言之，即便未來人們大規模採用人工智能技術，也仍然需要大量的人協助人工智能來完成一些專門的任務。總而言之，新的時代背景下，社會將重新塑造一些新的與人工智能相關的崗位，這些崗位的變化可能超出人們的預料。從社會整體而言，機械人加人工智能的工作模式，將在未來的社會生產中佔到很大的比例。

憤怒的失業者：社會的不安定因素

人工智能與機械人對人類就業的衝擊，在很大程度上會挑戰社會的容納能力，從而引發一系列社會問題。馬克思在《資本論》中詳細描述了資本主義發展初期「機器吃人」的悲慘場景。在社會大生產中，機器代替了一批工人的工作，使這些工人不得不面臨失業的命運。失業的工人不僅失去了養活自己和家人的最

基本的經濟能力，同時也失去了與生產資料在一起為社會創造價值，並成為社會主人的機會。現代經濟學之父約翰·凱恩斯（John Keynes）就曾預測到廣泛的技術性失業：「我們發現的節省使用勞動力的手段遠超過我們可以發現新的勞動用途的步伐。」在過去的幾十年裡，電腦已經取代了包括簿記員、收銀員和手機操作員等在內的崗位。雖然人們對於失業率持續走高的驅動因素是甚麼存在分歧，但不可否認，電腦控制設備的廣泛應用是導致失業人數持續增長的原因之一。從歷史經驗上看，產出擴大意味着就業增加。然而，近年來的經濟復甦所創造的就業崗位卻比預期要少得多。國民生產總值反彈，就業崗位卻不然。對此，布林約爾松和麥卡菲認為，數碼技術的發展削弱了國內生產總值和就業人數之間的密切聯繫。

具體而言，人工智能時代的來臨對失業者的衝擊具體表現為如下方面。第一，失業者在前人工智能時代可能從事一種非常體面的工作，然而這一切正在發生轉折性的變化。例如，在目前社會分工中，翻譯、初級律師、旅遊中介、銀行職員和保險公司推銷員等職業還處於相對有利的地位。這些職業都是在目前社會結構中收入豐厚、工作環境較好且為人們所羨慕的白領崗位。這類工作可以為從業員提供養活全家人的經濟能力，同時也讓從業員感覺到在社會中具有一定的地位，可以從中獲得對社會的強烈認同感。但是，如前所述，人工智能的發展將對這些職業產生極大的衝擊。這些群體將不可避免地，在較深程度上受到失業的威脅，而這些失業將對社會結構帶來重大的影響。

第二，受過良好教育的白領可能在應對失業時表現出更大的憤怒。在西方社會中，藍領工人的失業往往與工人運動結合在一起，持續構成對政府的巨大壓力。同時，很多行業都有自己的行業協會，這些行業協會也會組織起來對政府施加壓力。然而面對人工智能帶來的巨大社會變遷，政府似乎還沒有充足的考慮和足夠的準備。因此，憤怒的失業者很可能成為未來社會中的不安定因素。與之前的幾次社會大轉型中被淘汰的農民和工人不同，當前受人工智能衝擊而面臨失業的群體大多是受過良好教育的公民。這類群體對社會的憤怒和反叛可能會對社會產生顛覆性的影響。美國著名政治學家塞繆爾·亨廷頓（Samuel Huntington）指出，在社會大變遷的過程中，農民是最容易被安撫的群體，知識分子和學生則是社會中最不穩定的因素。如果一個社會不能有效地滿足知識分子和學生群體的願

望和訴求，那麼變化社會中的政治秩序將不可避免地走向衰敗。儘管亨廷頓的判斷是針對工業現代化國家的社會結構而言，但這一判斷在今天仍有重要的啟示。農民群體的訴求和願望是相對具體的，只要給予這些群體足夠的安撫，「留有活路」的農民就不會顛覆整個政權。相對於農民群體，工人具有更強的組織性和反抗性，在西方社會組織了大量的工人運動。而相比於農民和工人，知識分子和學生往往具有更高的訴求，對於工作和自身發展也有更高的期待。這類群體的利益如果受到巨大損傷，很可能會形成強大的社會動員，從而對社會結構產生巨大的衝擊。

第三，未來就業結構可能會出現嚴重的兩極分化現象，而這種趨勢會進一步動搖社會穩定的基礎。經濟學家馬騰·古斯（Maarten Goos）和艾倫·曼寧（Alan Manning）的研究表明，「糟糕與可愛的工作」（Lousy and Lovely Jobs）的口號揭示了勞動力市場兩極分化的本質，即高收入的知識工作和低收入的手工職業的就業數增長，中等收入的例行性工作將成為就業空洞。大衛·奧托（David Autor）和大衛·多恩（David Dorn）通過研究 1980 年至 2005 年的美國就業市場發現，美國就業的淨變化在技能水平上呈「U 形」，這意味着最低和最高職業技能的就業規模急劇擴大，中等職業技能的就業規模則相對下降。此外，這種勞動力市場日益分化，高收入知識工作和低收入手工職業的就業人數不斷增加，中等收入的例行性工作被掏空的現象並不是美國獨有的現象，其他一些發達經濟體也同樣如此。例如，2017 年 6 月，經濟合作與發展組織（OECD）發佈《2017 年就業展望》報告稱，技術變革和全球化正在改變勞動力市場。通過考察過去 20 年裡技術進步和全球化對經合組織勞動力市場的影響可以發現，技術變革和去工業化是造成職業兩極分化不斷加劇的主要原因。因此，就業市場的兩極分化已經形成了持續的趨勢，而其重要原因就在於技術的進步，由此產生的貧富差距將深刻影響社會的穩定。人工智能的發展無疑會在很大程度上加劇這種趨勢，加之智能革命對就業的全面衝擊，社會將面臨十分嚴峻的挑戰。

總之，人工智能的發展絕不僅是技術發展問題，而更多是社會和政治問題。襪子針織機的發明者李威廉（William Lee）的故事很好地說明了這一點。1589年，李威廉發明了能夠減輕手工編織工人勞動的襪子針織機，並前往倫敦尋求專利保護。然而令他失望的是，相比於發明本身，女王更關心他的發明帶來的就業

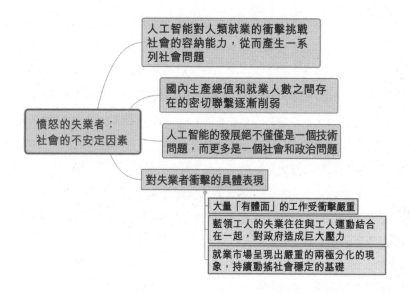

影響。女王認為他的發明會給手工工人帶來衝擊，剝奪他們的就業，從而使他們成為流落街頭的乞丐，因此拒絕給他專利。正如經濟史學家喬爾·莫基爾（Joel Mokyr）所指出的：「除非所有人接受市場結果的『判決』，否則創新將有可能因為非市場機制和政治行動主義的抵制而失敗。」可以預見的是，很多工人將會阻止新技術的使用。因為新技術使得工人掌握的技能過時，並不可逆轉地降低了他們的預期收益。因此，工作保護與技術進步之間的平衡在很大程度上反映了社會權力的平衡。如果我們僅僅考慮人工智能的技術發展，不遺餘力地推動其在社會部門中快速而全面的應用，就很可能導致失業在社會各部門中蔓延，從而引發整個社會的不安定。然而，人工智能對社會產生的巨大衝擊並不是人工智能科學家所考慮的主要問題。在這個問題上，社會科學家應該有歷史擔當，通過對人工智能社會進行參與性塑造，從而為未來的社會發展提供有價值的建議。

人工智能時代的差別原則

面對人工智能所帶來的衝擊，約翰·羅爾斯（John Rawls）提出的正義論原則可以為問題的解決提供參考性意見。羅爾斯的《正義論》（*A Theory of Justice*）

包含兩個部分：自由原則強調每個人在最廣泛的基本自由體系內擁有一種平等的權利；差別原則強調對於社會和經濟的不平等的安排，既要合理地適合於每一個人的利益，還要依繫於地位和職務向所有人開放。事實上，羅爾斯的正義正是關乎平等的正義——第一個原則關乎平等分配，第二個原則是關乎不平等分配（不平等即是有差別，因此也被稱為「差別原則」）。此外，正義的兩個原則之間具有先後順序，即第一個原則優先於第二個原則。在自由原則（基本權利和自由）與差別原則（社會利益和經濟利益）之間，這種優先性排除了相互交換（以物易物）。而在哲學學者姚大志教授看來，第一個原則優先於第二個原則的實質是自由的優先性：正義總是意味着平等。何懷宏教授也認為，羅爾斯的兩個正義原則具有兼顧自由和平等的傾向。而社會正義的實現，則需要自由與平等的調和。

根據羅爾斯的差別原則，人們對社會問題的考察和提出的解決方案，應該從最不利者的角度出發，這樣的社會才能稱得上是正義的社會。因此差別原則實際上是校正正義的公平性原則。正如羅爾斯所指出的那樣，財富和收入的分配雖然無法做到完全平等，但必須合乎每個人的利益。事實上，差別原則的理念在最深的層面上涉及互惠性。換言之，差別原則要求將社會最有利者的利益拿出來一部分補償社會中境況最差的一部分人。對於社會分配，羅爾斯的思路是這樣的：能平等分配的東西都應該平等分配，不能平等分配的東西應該實行差別原則，即不平等的分配應該有利於最不利者。從差別原則出發，如果收入和財富做不到人人平等，那麼不平等分配只有符合最不利者的利益，才能稱得上是正義的。

人們不同的生活條件和前景，不僅受到政治體制以及經濟、社會條件的限制，還受到先天的社會地位和自然稟賦的持久影響。自由平等和機會公平原則雖然排除了造成人們之間不平等的社會差別因素，但沒有排除自然差別因素。而這種自然差別因素恰恰是個人無法自我選擇，也是不可避免的。正如田徑賽跑中，即便參賽選手是處在同一起跑線上，但只要比賽開始，選手間的差距便會自然而然地產生出來。差距是自然產生的，因此要想消除或縮小差距就要通過外力的不斷干涉。在社會生活中，人與人之間形成了某種合作體系，而每個人的福利都依賴於這種合作體系。因此，社會經濟利益的分配應該有利於合作體系內的每一個人，尤其是那些最不利者。當然，羅爾斯並不主張刻意消除這種由自然因素造成的不平等。因為如果追求絕對平等，則必然會打擊那些通過合法勞動和自身努力

取得優越生活的人的積極性，最終損害社會進步。

　　差別原則在人工智能時代同樣有着很強的適用性，因為人工智能的發展將對社會結構中佔很高比例的人群造成擇業的風險。這種衝擊不僅危及人們的物質生活，也在很大程度上剝奪了他們成為社會一分子的機會。職業是社會認同中的一部分，當原先的白領失業，他們將產生自己的整個社會地位被剝奪的感覺。因此，未來的人工智能社會需要從這些最不利者的角度出發來考慮問題。尤瓦爾·赫拉利在《未來簡史》一書中指出，未來人類的命運可能被那些技術超人們所主宰，這似乎是一個未來即將發生的事實。然而，這種技術超人作為人工智能時代的最有利者，很難顧及被淘汰者的綜合狀況和心理反應。這一點已經初現端倪。人工智能的時代尚未完全到來，已經出現了技術精英的喧囂。譬如，埃隆·馬斯克和谷歌 X 實驗室的技術狂們宣稱要用技術來改變世界，卻並未站在最不利者的角度來思考這一問題。這些技術超人仍然沿用了幾個世紀之前的精英主義者的思維方式和語氣。在其看來，除了他們之外的普通民眾似乎都是「烏合之眾」。在未來的職業選擇中，普通民眾只能選擇被淘汰。這種思維折射出某些技術超人在公共管理和社會治理方面的淺薄和無知，他們並沒有充分認識到社會的治理是一種微妙的平衡。單純的技術發展也要在很大程度上受制於社會條件，這也正是製造業在發達國家已經淪落為非常小的部門，但是工人協會在社會中仍然很強大的重要原因之一。

　　人類社會的變化是相對緩慢的，但是人工智能對失業的衝擊是一種「牽一髮而動全身」的變化。在這種反差之下，這種變化在社會結構中很容易演化出蝴蝶效應，即某一處的微妙變化可能會在未來某個時間將整個社會系統的結構翻轉，甚至打碎這種結構。因此，人們對待社會結構的演化時應懷有敬畏之心，並在一定程度上將人工智能的發展看成是打開了「潘朵拉魔盒」。一個個盒子被打開後所形成的多米諾骨牌效應，往往會超出人們的預期和掌控。由此所引發的社會動盪，往往是技術超人們從來沒有認真思考過的問題。儘管他們可能會以「弱肉強食」的思維自然地認為，「當你被淘汰了就只能接受被淘汰的命運」，但是他們沒有充分考慮到，在大轉型的背景下，如果憤怒的失業者得不到妥善安置，憤怒的情緒將可能演化為一場社會災難，最後對整個人類文明的演進產生顛覆性的影響。

徵收智能稅以補償失業者

面對人工智能對社會產生的複雜影響，社會科學家首先需要考慮的問題是，如何可以使那些失業的人們仍然保持安定的生活。對於這個問題，羅爾斯提出，「所有的社會價值——自由和機會、收入和財富、自尊的基礎——都要平等地分配。」如果說這些失業者失去工作意味着失去經濟來源，從差別原則的角度來看，首先要做的是對失業者的基本的生活進行補償。因此，未來政府失業金的發放對象可能會增加，並且伴隨着失業群體人數的增加，這一群體享受失業金的水平不能降低。如果失業者認為連自己和家人都無法養活，就很可能會用暴力來激烈地表達他們的不滿。譬如，1811 年至 1816 年間的「盧德運動」（Luddite Movement）就反映了工人對技術進步的憂慮。然而在這一時期，英國政府對試圖阻止技術進步的群體採取了越來越嚴格的態度，並對當時的暴亂者進行了鎮壓。因此，必須要完善相關制度和措施，從而給予失業群體較為體面的生活狀態。由此引發的進一步問題則是，如果採用良好的福利來補償那些失業者，那麼這部分福利由誰來買單？

對於這一問題，將有兩種可能的解決方法，或者說普遍的社會福利將會有兩個重要來源。

第一個來源是向高收入群體徵稅。這一方案在西方福利國家已經長期實施了。在人工智能時代，那些未被淘汰的群體的收入會與失業群體之間形成更加巨大的鴻溝。因此，對這些高收入群體徵收足夠的稅，可能將是未來的一個重要政策方向。2014 年《經濟學人》的統計數據顯示，投資者和優秀技術工人獲取了技術革命帶來的財富的絕大部分。譬如，在美國總收入的佔比中，最頂層 1% 的富有人群的收入從 1970 年的 9% 上升到 2014 年的 22%。同時，數字化時代的生存邏輯就是「贏家通吃市場」。因此，為了彌補或緩解更加懸殊的差距，向高收入群體徵稅的舉措將成為未來社會治理的一種極為重要的手段。

另外一個來源則是向人工智能或者機械人徵稅。對於這一方案，人們已經開始討論。譬如，比爾·蓋茨就提出向機械人徵收人工智能稅，通過提高使用人工智能的成本來減緩機械人的應用速度，從而為人類贏得應對和調節的時間。蓋茨認為，工廠和員工個人會為員工在工廠中創造的價值繳稅，企業也應該為機械人

創造的價值繳納數額相當的稅。事實上，這種做法也開始受到公共部門重視並被付諸實踐。2016 年，媒體報道歐盟正在草擬一項議案，提出在機械人大規模代替工人時，政府應向機械人所有者徵稅，徵收到的稅金用以資助因機械人失業人群的福利和培訓。2017 年，韓國政府也在調整稅法來變相徵收「機械人稅」，即通過向投資於機械人的相關資本徵稅，來緩解各行業的自動化進程。可以預見的是，隨着機械人越來越普及，貧富差距也會加大，因此徵收機械人稅會成為越來越多的政治人物的政策主張。事實上，「機械人稅」並不完全與當今的稅務政策相抵觸。譬如，目前政府的常見做法，就包括通過徵收移動通訊稅來承擔公共服務費用，或者通過徵收房地產稅來支付公共住房的費用。

長期來看，如果機械人成為生產部門的主體，確實應當對其收稅。這種稅收的基本依據就在於，要通過這種措施來對失業的人群進行補償。在人工智能和機械人大規模代替人的時代，人類在某種意義上將成為弱勢群體。每一個機械人所替代的是一個甚至多個智人的工作崗位。與失業的人甚至整個人類群體相比，人工智能和機械人將會成為優勢群體，因此向其徵稅是一種可行的選擇。從另一個角度來講，徵收人工智能稅實際上也是變相地向人工智能的提供商和用戶徵稅。例如，一個製造流水線的工廠之所以選用機械人手臂，完全是出於經濟利益考慮。當勞動力的價格比機械人高出數倍的時候，工廠流水線願意使用更多的機械人手臂。由此，工廠只需要支付機械人和相關設備的購置、維護、更換的費用以及必要的電費，從而節省高昂的人工費用。而如果向人工智能徵稅，工廠雇傭勞動力就可能反而顯得相對經濟，由此在人工智能和人類勞動者之間就可以達成一種微妙的平衡。

儘管在許多領域，人工智能已經全面威脅到現有的工作崗位，但人們可以通過向人工智能徵稅來減緩人工智能在人類社會中適用的速度和範圍。這樣不僅可以給失業的人們提供生活保障，以安撫他們躁動不安的情緒，也使得人們可以有足夠的時間來思考全面失業給人們帶來的複雜影響。因此向人工智能徵稅不僅發揮了轉移支付的功能，而且成為一種社會的再平衡器。人工智能時代的來臨速度如此之快，以至於人類並沒有充分地思考和充足地準備來應對這一變化。所以，即便人工智能稅在很大程度上只是延緩策略，也可能對於社會矛盾和問題的緩解發揮積極的作用。

110
·
111

當然，徵收智能稅目前也面臨着一些現實困境。第一，人工智能種類紛繁複雜以致難以確定徵稅標準。此外，如何確認是哪些技術導致了人們失業也是一個難題。人們對「機械人」的概念存在刻板印象，將機械人等同於類人機器。但事實上，很多自動化形式並不是類人的機械人，而是融合於行業中的深度技術。有時候，這些技術也並不能夠與某些行業的失業直接聯繫起來。

　　第二，徵收智能稅可能導致相關企業轉移到對人工智能友好的其他國家。這一點可以在歷史上找到先例。1779 年蘭開夏郡暴動之後，英國政府通過的一項決議反映出政府對破壞機械的態度轉變：「造成巨大暴動的唯一原因是棉花生產中使用新製造的機器；這個國家在機器應用的擴張中受益良多，在這個國家破壞機器只會迫使它們轉移到另一個國家……這最終將損害英國的貿易。」

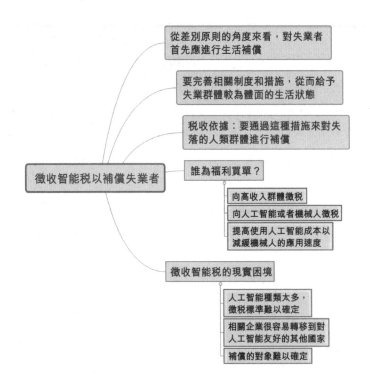

　　第三，人們很難區分失業的人是因技術進步失業還是因為自身的慵懶和無能而失業，因而也就無法確定他們是否應得到智能稅的幫助。當然，人工智能稅的轉移支付儘管具有一定的特殊性，但也屬於整個社會福利的一部分，因此也不必

完全糾結於是否能夠「精準幫扶」。如果人工智能在未來擔負起社會生產的主要功能，人工智能稅很可能成為最重要的稅種。在這種情況下，人類的社會福利體制將會發生根本性的轉變。

學習或靜修：失業者的兩種命運

作為後現代主義哲學先驅，馬丁・海德格爾（Martin Heidegger）對技術「存在論」進行了有益的探索和創新。海德格爾認為，不是人控制技術，而是技術控制人。在技術時代，精神萎弱是世界的突出症候，其中以創造性的缺失為甚。但不可否認的是，科學技術，尤其是人工智能技術的廣泛應用，將使得「人類從自然力的束縛下獲得越來越充分的解放」。馬克思和恩格斯認為，機器承擔大量普通的體力勞動和智力勞動，人類則贏得足夠的時間和充沛的精力來從事面向未來的創新活動。換言之，機器為人類贏得的閒暇時間是人們在從事直接生產活動以外用於休息、娛樂和發展個人才能的時間。在此基礎上，人類面臨的複雜挑戰將得到合理的解決，社會的發展和進步將得到有效的保障，人民大眾的生存與發展條件也將變得更為優越。正如一些學者所指出的那樣，機器為人類贏得的，不僅僅是休閒和娛樂，還有從發現和創造，以及從愛、友好和社群中所獲得的深深的滿足感。

因此，伴隨着人工智能的深入發展和廣泛應用，人們將獲得更多「自由」。馬克思認為，從人的本體論來說，自由自覺的活動是人的本質特徵。也就是說，在馬克思看來，人的本質是自由的。正如毛澤東所指出的，自由是對必然的認識和對客觀世界的改造，需要人們在實踐中付出努力。從這個角度來說，人的自由發展大致有三種層面的意義：第一是自由的人。由於掌握了自然規律，人類因此獲得了支配自然的主動權，而且個人可以在不危及整個社會利益的前提下追求全面而自由的發展。第二是自主的人。自主的人是「自由的人」在政治上的自然延伸，包括自主的人格和自主的能力兩個要素。第三是自覺的人。自覺的人具有法律自覺和道德自律，能夠以平等和正義的精神對待他人。這些意義上的人共同構成了自由發展的基本邏輯。而在人工智能的影響之下，人類獲得自由發展的條件在很大程度上得到了根本提升，儘管這種提升會伴隨着一定的牽絆。

在未來的職業大衝擊中，失業者並不是無法生活的，因為隨着人工智能稅的徵收，相應的福利條件也能夠保證基本生活。但是如果想實現再就業，就需要一定的努力了。因此，失業者若要彌補或規避失業所帶來的負面後果，一個重要的選擇就是學習。這種學習，是指受到失業衝擊的人進行自身的再學習，以提高或拓展個人能力，從而進入與人工智能相關的工作崗位或其他有利的崗位。然而這種選擇可能只是針對少數人而言，因為這對於人的智力、情商和意志力都有非常高的要求，並非所有人都能夠面對。特別是對於一些沒有年齡優勢的失業者而言，選擇通過再學習重塑自己的知識結構而獲得再就業的機會，綜合來看是一個困難的過程。因此，絕大多數人在未來可能不得不接受被淘汰的命運。正如前文所提及的吳軍的觀點，未來從事生產的人可能只佔人類人口的 2%。這一數字或許過於悲觀，但這一比例多半也不會太高。因此，未來絕大多數人會面臨無業可就的風險。

對於無法通過人工智能學習重新獲得企業雇傭的這類人而言，重新找到生活和工作的樂趣，就需要謀求一些新的途徑。例如，人們可以通過某種創新而開發一些「自職業」，也就是針對未來更加多樣化的社會需求而開發新的就業空間，並通過一些相對靈活的，如自我雇傭的方式去實現個人價值的創造。近年來大量興起的私人運動教練、家教和心理醫生，就是基於個性化需求而產生的新職業。當然，這種職業去向在很大程度上也需要一定的學習作為基礎，並不是所有人都能在失業狀態下做到自謀職業，因此仍有相當一部分人會處於永久的失業狀態。對於這類人而言，更需要的也許是一種心靈的平靜，即慢慢接受這種長期失業的生活狀態。儘管他們只能從公共部門領到讓他們的生活得到溫飽或者初步小康狀態的補助，但是他們可以擁有大量閒暇時間來關注個人的心靈修養。換言之，人們更加容易進入一種修行的境界。

值得注意的是，相對於「學習」的選擇，這種「靜修」對於失業者而言並不完全是心靈的撫慰，同時也是一種獲得個人發展的方式。海德格爾就曾強調通過「存在」和「修行」回歸人的價值。在海德格爾看來，失業的「貧困時代」亦是修行的好時機。在貧困時代，人更要詩意地棲居：「在貧困時代裡作為詩人意味着：吟唱着去摸索遠逝諸神之蹤跡。……世界黑夜就是神聖之夜。」此外，海德格爾也強調學習和修行的重要性。在他看來，時代之所以貧困，是因為人們無法

認識和承受自身的「終有一死」。所以，無論在何種情形下，只有保持着對詩意的關注，嚴肅地對待學習和修行，我們才能向自己證明，我們的所作所為如何和在何種程度上適應了時代的變革帶來的社會的變遷。在貧困時代，我們的棲居之所以與詩意格格不入，是因為我們今天的棲居備受勞作、趨功逐利和消遣活動的侵擾。與此相對的則是，「人充滿勞績，但還詩意地安居於大地之上」。由此可知，無論是居於貧困時代還是未來的全面失業的時代，人們都應當通過修行來思考人的價值，形成追求詩意棲居的社會基礎。

同時，中國的優秀傳統文化也強調修行和心靈自由的重要性，並將其視作一種理想的道德境界和生活狀態。例如道家代表人物莊子的「逍遙遊」，在很大程度上就是對這種狀態的願景式描述。莊子主張精神上的逍遙自在，試圖在形體上達到一種不需要依賴外力就能成就的逍遙自在境界。在莊子看來，「人生天地之間，若白駒過隙，忽然而已」，因此，人們應當「日出而作，日入而息，逍遙於天地之間，而心意自得」。這種逍遙於天地而怡然自得的心態，其實就是為了擺脱人的「異化」。為了達到這種「物物而不物於物」的自我境界，就需要通過「攖寧、心齋、坐忘」三種修行方法。葛兆光教授認為，這三種方法都強調心靈活動的至純，唯有心靈至純才能達到對現世的捨棄，進而達到捨棄之後的創建和精神世界的擴張。而自我所能達致的最高境界，便是與天地自然的和諧統一，即「天地與我並生，而萬物與我唯一」。

相比於道家的出世哲學，儒家則更為重視個人氣質的修養以及個人能力的發揮。儒家所強調的修養往往是通過靜思的方式來達成。在儒家看來，息心絕慮的靜坐至簡至易，能使人拋卻貪心雜念，從而認知本心。作為儒家經典著作之一的《大學》就論述了靜與得之間的關係：「知止而後有定，定而後能靜，靜而後能安，安而後能慮，慮而後能得。」「亞聖」孟子也強調氣質修養的重要性，認為自己的長處是「善養浩然之氣」；北宋大儒周敦頤進一步提出主靜無欲的修養方法，通過靜坐修養身心，「無欲則靜虛動直，靜虛則明，明則通。」作為周敦頤的學生，「二程」（程顥、程頤）也積極倡導靜修思想。據説程頤每次看到有人在靜修，便會大加讚賞。到了明代，王陽明所創立的心學在吸收了大量儒釋道思想後，更加重視靜修的作用。人們所熟悉的王陽明的「龍場悟道」便是通過靜修而獲得個人思想境界昇華的典型案例。

徵收「人工智能税」補貼給失業者，
失業者可以有更多的時間學習、靜修

　　當然，中國傳統文化中所強調的這種逍遙的境界，在很長的歷史時期內可能只有少數貴族或思想家能夠接近或達到。而靜修的功夫也是建立在相當程度的物質財富或者脫離繁重的生產勞動的基礎之上的。隨着智能時代的來臨和社會生產的進步，人們可能會普遍具備這樣的基礎條件，從而能夠通過思考和靜修來提升自身的精神境界和生活品質。因此，對於面臨全面失業和永久失業的人類而言，工作和勞動的重要性會變得越來越小，人生的價值和意義將更多地是從有品質的生活中去尋求了。在這種尋求的過程中，人們最初可能會由於失業而產生煩惱，但隨着技術和生產的進步以及社會規則的良性演進，這種煩惱可以通過一定的方式而得到解決。其中，個人的良好修養和安靜平穩的心態應當是至關重要的，也是值得人們通過自身的努力去追求的。

結語：從最不利者的角度來思考社會問題

　　隨着人工智能時代的來臨，未來的社會生產部門將主要由少數工作的人、機械人與人工智能的合作來實現。這就導致絕大多數的人可能會面臨結構性失業或者全面性失業的壓力。這些失業者的訴求如果處置不當，便會導致憤怒和不滿的蔓延，這無疑會構成未來社會中的不安定因素。這種不安定因素的負面影響，可

能遠遠超出人們的預期。事實上，那些技術超人們並沒有重視失業者的利益和情緒，沒有很好地將其納入人工智能發展的綜合考慮之中。因此，這就需要社會科學家來整體地和深入地思考這一問題，以防止失業所導致的社會問題激化，而進一步導致人工智能所推進的文明毀於一旦。

從思想資源上看，羅爾斯的差別原則強調從最不利者的角度來思考社會問題，這在人工智能時代有着更為重要的適用前景。從這一角度來說，未來社會最需要做的，便是通過向人工智能徵稅來補償失業者的基本生活，從而緩解失業所帶來的社會陣痛。當然，具體的徵稅方式和手段仍然需要社會科學家與財政學專家等研究者的共同研究和設計。但是需要指出的是，儘管向人工智能徵稅可以在一定程度上解決失業者的基本生活問題，但這並不能從根本上安慰他們因失業導致的心理問題，阻止生活品質的下降。因此，失業者要在人工智能時代改變自身的命運，就需要做出自己的努力。其中，少數具有強大學習能力的失業者可以通過學習來提升自身的能力，從而重新獲得與人工智能相關的優勢崗位。絕大多數失業者則需要謀求新的生活軌跡。人們可以創造滿足多元需求的自職業，更為重要的一種方式則是通過靜修來獲得心靈的平靜，進而通過個人思想境界與修養的提升來獲得更好的生活狀態。

第七章

數據參與與雙向賦權：人工智能時代公民的數據意識及其意義

人類生存於一個虛擬的、數字化的生存活動空間，在這個空間裡人們應用數碼技術（信息技術）從事信息傳播、交流、學習、工作等活動，這便是數碼化生存。

——尼古拉斯·尼葛洛龐帝（美國麻省理工學院教授）

我們不能想像人民無休止地開大會來討論公共事務；並且我們也很容易看出，人民若是因此而建立起來各種機構，就不會不引起行政形式的改變。

——讓雅克·盧梭（法國思想家）

提要

在人工智能時代，公民以數據化的方式進行生存。與政府和企業相比，公民在大數據的結構性發展中處於相對劣勢的權利地位。這就需要公民通過增強數據意識來調和這種結構失衡。數據意識包括數據感、數據權利意識和數據使用意識等。通過數據使用，公民可以規避選舉參與和協商參與中的問題。同時，大數據時代公民參與的新方向應該是，公民和公民社團聯合起來，在數據使用的基礎上，實現公民和政府、企業的雙向「數據賦權」，進而推動開放政府和開放企業的建設。

人工智能時代對公民的生活提出了許多新的要求。與傳統時代不同，人工智能時代公民的很多生活信息都是以數碼化的方式進行存儲和處理的，換句話說，在人工智能時代，公民是以數碼化的方式生存的。這就會導致一系列問題的出現。其中比較重要的是，在人工智能時代，公民同政府和企業相比，究竟擁有哪些權利，處於何種地位？如果公民處於相對弱勢的地位，他們應當採取甚麼方式來實現自身的訴求和願望？這是本章試圖回答的關鍵問題。

人工智能時代中公民生活的數據化

「數碼化生存」是美國學者尼古拉斯‧尼葛洛龐帝在 20 世紀 90 年代提出的一個概念，是站在當時對信息技術發展未來的一種預測。那時大數據還沒有出現，但是尼葛洛龐帝憑藉感覺和判斷描繪了現代世界的數碼化生存的境況。他在著作中描述的一些特徵，在當時看來是令人驚訝的，在今天卻幾乎成為常識。人們對這種數碼化生存的方式已經熟悉，用現在科技界的流行語來說，「未來已經來臨」，歷史將進入新紀元。這種未來的本質就在於數據的產生與運用，即人們的生活逐漸由數據建構起來，所有的生活都變得與數據有關。

大數據的採集、分析和處理，催生了一個新的領域：人工智能。它是在大數據的基礎上，模仿人類的思維和行為方式，並生產出一種新的能以與人類智能相似的方式做出反應的智能機器。可見機械人正是人工智能的一種產品。值得注意的是，人工智能時代的來臨已經對公民的政治生活產生了重要影響。例如隨着電子政務的產生，人民通過訪問政府網站和參與官微互動等方式提出一些政務需求，已經成為電子公共管理中的重要部分。

值得注意的是，在互聯網方興未艾之時，社會仍然存在着巨大的「數碼鴻溝」，鴻溝的一邊是那些擁有信息化工具的人，另一邊則是那些未曾擁有這些工具的人。簡單來說，數碼鴻溝體現的乃是當代信息技術領域中存在的差距現象。例如，在互聯網迅速普及的年代，仍然存在一定比例的非固定訪問互聯網的人群。從群體差異的角度來看，那些受過較高教育的人，不僅有更多機會接觸互聯網，也有更多的意願去學習互聯網知識。而藍領工人或普通百姓，則很少利用互聯網處理電子郵件以及其他個人生活事務。在人們的普遍印象中，收發電子郵件似乎

是一種白領的生活。

　　然而，在移動互聯網時代，這種數碼鴻溝被打破了。隨着智能手機普及率的大幅提升，接入互聯網的成本日益降低。新一輪的移動互聯網革命正悄然到來，這對公民的數字化生活產生了更具顛覆性的影響。以中國為例，截至 2016 年 1 月，中國移動互聯網用戶數量已達 9.8 億戶，移動互聯網接入流量也在以極高的增速發展。這就意味着，絕大多數的公民，正在通過移動互聯網享受各種數碼化的服務。而未來的政府公共服務，也會更多地同移動互聯網的應用聯結在一起。例如，阿里巴巴已經與浙江、江蘇等地的地方政府合作，開發出一套龐大的擁有完整政府功能的政務服務平台和 APP 系統。在這一系統中，公民對政府的政務可以提出更多的直接要求，了解政府發佈的信息，可以用低廉的成本與政府工作人員進行即時溝通。這些移動的應用還帶來了一些新的評估方式。比如芝麻信用的出現，提供了公民誠信評估的客觀方式。它可以藉助雲端運算和機器學習等過程分析公民個人的消費和信貸記錄，從而客觀評價公民的誠實守信狀況。

　　在傳統的政治學研究中，公民的素質教育是非常重要的內容，培養積極公民也是政治思想家勾畫的理想政體中的重要組成部分。然而傳統的測量手段只能通過調查問卷等方式，來對公民的參與狀況進行較為簡略的統計。這種統計更多地是一種描述性的統計，在統計中也會產生信息丟失或樣本不完整等問題。在人工智能時代，這樣的信息統計則可以用互動的方式來進行。數據的採集和處理可以通過雲端運算來完成，且成本會幾何級地降低。從這個意義上來説，人工智能時代的這種「數據紅利」，可以極大地推動政治學研究的發展。

　　另外，前述的芝麻信用，實際上也旨在解決傳統公共管理中的個人徵信問題。在信息不足的情況下，政府無法準確判斷一個人的信用狀況，通過大數據獲得的個人徵信分析，則會幫助政府和企業準確地了解其信用狀況。美國學者弗朗西斯·福山（Francis Fukuyama）在《信任》（Trust）一書中也提到，公民之間的信任會起到增加社會資本的作用。

　　從時代發展來看，信任在傳統的工業時代較難推動的原因在於，相對於農業社會而言，工業社會是一個陌生人的社會。從農村進入城市後，個體和其他相鄰個體之間的距離會長期存在，鄰里之間的關係很難恢復到農業文明中的熟悉關係。這就產生了許多社會學家都提出的工業社會中的冷漠問題。在選舉時期，

政治冷漠問題也是影響選舉政治的長期問題，即公民不願意把大量的時間和精力花費在政治參與上。這種信任隔閡與社會冷漠之間是存在一定關聯的。而如前所述，以移動互聯網為基礎的人工智能時代的來臨，可能會通過新的方式，對這些問題的解決產生積極的影響。

數據意識的意義與定義

為甚麼公民要具備數據意識？正如前述，數碼化生存在未來會成為公民的一種常態化狀態。在這種生存狀態中，公民與國家治理中的其他單元相比並不處於優勢地位。要改變這種狀況，就需要公民從自身做起，樹立與數據相關的一系列理性認識，從而積極應對未來生存中可能出現的不確定性。一個人如果採取任由時代發展而消極迴避的「鴕鳥心態」，最終將被歷史的洪流淹沒。可以說，在人工智能時代，公民的數據意識對於自身的生活而言，是至關重要的。

相對於普通公民而言，數據公司在數據使用規則的制定中具有非常明顯的優勢。例如，當用戶使用導航等服務時，數據公司會向用戶發出許可條款，提出訪問信息記錄等具體要求，用戶如果拒絕，就無法獲得相應的服務。因此，公民往往是在一種被動接受或被柔性脅迫的狀態下進入這些數據服務的。對於公民而言，只有選擇接入或不接入的權利，並無其他可以掌控的權利。或許有一些守舊的人會拒絕這些服務，但是這種拒絕也是難以長久的。當再次遇到類似問題時，他們就可能被迫接受而放棄原來的選擇。

從另一個角度來看，公民也生活在一種結構性的影響之下。如果絕大多數的人都進入智能手機時代，只有某一個特立獨行的人仍然選擇老式的非智能手機、拒絕大數據服務的話，這個人便會面臨一種「奧特曼」（out man，即過時的人）的結構性壓力。面對這樣的結構性壓力，這個公民或者將變成完全脫離社會的厭世主義者或犬儒主義者，或者在幾次反抗之後最終又被裹挾進這種大數據的洪流中。用海德格爾的話來說，人是「被拋入」這個世界的。即便人在這個過程中有反思性批判思維，也很難抗拒這種大潮流。因此，數據公司在這種結構性的採集數據、處理數據、提供數據的過程中，便擁有了一種結構性力量。公民與數據公司相比，力量的差距是懸殊的。或者說，公民與大數據公司之間存在某種「數碼權利的鴻溝」。當公民個體拒絕接入某項服務時，大數據公司僅僅損失了千萬分之一或億分之一的用戶數據，而對個體而言，他可能失去了與這個時代深度交往的機會。

因此，在權利方面，公民個體與數碼公司之間便產生了一種結構性的超級不對稱。那麼，公民能夠做點甚麼呢？不難想見，僅憑公民個人是很難同整個結構相抗衡的，同時，公民也難以聯合起來阻止這種潮流。公民能夠選擇的合理行動，乃是增強數據意識，用數據意識來挑戰或調和強大的數據公司手中的權力。

數據意識，大體是指人工智能時代的公民，應當充分意識到數據對於公民生活的重要性，並由此積極採取行動，通過自身或集體性的努力來提高數據感、加強數據使用、爭取並獲得相應的數據權利，從而更好地實現更為優質的數據化生存。具體而言，數據意識包含如下幾個重要內容。

第一，數據感。數據感是指人們對數字、數據乃至計算的一種感覺，通過這種感覺，公民在觀察事物和思考問題時，可以較為敏銳地掌握相應的情況並分析相關問題。這種感覺是可以用長期的數學思維的邏輯訓練來獲得的，其最為直觀的體現，就是人們對某一個事物的數據量級的判斷。例如，認識一個國家，首先就應當了解其領土面積、人口數量、GDP 總量以及人均 GDP 數量、碳排放的狀況等等。再比如，當一個人走進一個空間時，他可以相對準確地判斷出這個空間的面積、體積和方位等信息，這就是數據感的一種直觀體現。

更高層次的數據感，不會僅僅停留在初級判斷上，而會在實際上成為一種評

估或測評的技術本領。例如，政府進行了某個公共工程項目的招標，該項目在招標和建設過程中的總預算和項目的實際效果，會在相關的政府信息公開平台上披露出來。這時，擁有數據感的公民就可以通過自身長期的數據積累和判斷能力，評判出政府在該項目中是否有效地使用了資源，甚或是否可能存在尋租行為。在人工智能時代，公民對於數據信息的掌握和分析能力可能會成為公共權力監督的有效來源，而這實際上也意味着公民權利的有效履行。

第二，數據權利意識。公民應該意識到分享數據信息將對自己未來生活產生一系列重要影響。數據不僅會增強公民的某些權利（例如監督權等），也會損害某些權利（例如隱私權等）。比如，數據公司可以根據一個人在微信朋友圈或QQ空間等平台上發佈的一系列信息，勾勒出此人幾乎所有的信息特徵。另一個重要例子是，一位年輕女性的購物行為觸發了某超市的算法程序，被判斷為懷孕並被定為母嬰產品廣告的推送對象，儘管該女性的父親對此十分惱火並提出投訴，事實卻證明這一判斷是正確的。意識到數據對於公民權利的複雜影響，數據利用的規範性與合理性就會得到重視，以保障公民的合法權益與數碼化生存的質量。

值得強調的是，這裡存在一種「數據失重」的問題。在前人工智能時代，由於數據流動的速率較低，人們並不太在意信息數據的保護，因此並沒有養成一種警惕數據泄露的習慣。然而在人工智能時代，一個人發在社交媒體上的一系列信息，可能會被有犯罪動機的人獲取並進行分析，從而對其施加不利的影響。反過來，這種數據使用的「非警覺性」，也在一些政府官員的曝光事件中得到了驗證。在人工智能時代來臨的前夜，一些政府官員沒有意識到數據曝光的負面影響，這些負面信息經由網絡傳播的巨大力量，產生了一些顯著的反腐敗效果。如果說政府官員的信息暴露在公共監督之下可以被理解的話，那麼公民的私人生活如果暴露在他人的監督以及隱性的侵犯之下，就不是人們所希望的了。因此，在人工智能時代，公民的數據權利意識乃是保護其隱私權的重要依憑。

當然，在人工智能時代，隱私保護會變成一件極為困難的事情。因為個體在不同的大數據平台上發佈或授權的信息，通過交叉分析甚至簡單分析，就能夠描繪出他的電子軌跡或肖像。例如，人們都在使用電子郵箱，而谷歌在最初發明電子郵箱時的一個考慮，就是通過為人們提供電郵服務來分析電子郵件中

的內容，從而為其利用相關信息提供便利。但是很多人在使用電子郵箱時，並沒有意識到他們與郵件提供商之間存在的服務協議。換言之，提供商為個體提供電郵服務，而個體付出的代價就是把所有的信息內容交給服務提供商，任其分析和處理。

數據失重：人類在進入大數據時代之後，沒能意識到其生活已被數據所包圍，也沒有警惕到數據可能帶來的不利影響

由此我們可以清楚地看到，在人工智能時代，公民的隱憂就在於，數據公司是否會影響甚至侵犯其隱私與自治的生活。另一個重要的例子乃是谷歌公司與美國政府的合作。這種合作有一個前提，即在涉及國家安全的事件或問題時，谷歌要配合政府的調查。但是，由於國家安全是一個內涵廣泛且界定模糊的詞語，政府與公司很可能放大對這一個概念的使用範圍，這無疑又會對公民的隱私權利產生重要影響。當國家安全的概念被放大到包括貪污受賄等在內的所有犯罪行為時，相應的數據信息處理，就會與目前的隱私權保護之間形成強大張力，這也就是「棱鏡門」事件和巴拿馬文件事件所反映的問題的焦點所在。

第三，數據使用意識。公民要樹立這種意識，即數據使用並不是數據公司的專利，每一個公民個體都可以並且應當分享人工智能時代帶來的數據紅利。進而言之，公民要通過這種數據的使用，來與政府和數據公司的強大權力相抗衡。當然，這並不是說，所有公民都應當成為數據信息處理專家，而是說，在不斷進步的條件下，公民可以通過一些較為便利的條件來培養數據使用習慣。例如，許多雲端運算公司開發了一些比較易於使用的雲端運算軟件，其用戶界面相對友好，人們通

2010 年 11 月，美國此前推出的全身掃描儀和強迫搜身檢查在國內造成恐慌。由於三維立體成像已經十分清楚，接近裸體狀態，已經威脅到公民的個人隱私，一部分抗議者甚至約定登機前抵制全身掃描安檢。

過一些簡單的訓練就能夠使用。因此，數據使用不應該是政府、公司或專業人員的專利，而應當成為人工智能時代人們生活的一個重要組成部分。因此，人工智能時代的公民不僅可以成為一個個自媒體，也可以成為一個個數據處理終端。

綜上而言，數據意識的培養與習得，是人工智能時代的公民應當擁有的一項基本公民訓練，這個過程也是循序漸進的。首先，公民應當培養一定的數據感，更多地從數據視角來觀察和認識世界；進而要培養數據權利意識，充分認識到數據對於自身隱私和生活所帶來的重要影響，積極保護自身權益；再進一步來說，要保護這些權益，就需要公民充分分享人工智能時代的數據紅利，並通過自身努力來制衡政府和數據公司在這一領域的強大權力。當然，這種制衡或約束在很大程度上應當是相互的。總之，要改變目前的不對等狀況，就需要人們將數據意識付諸有效行動。

比如，人們應當把數據意識與開放的數據結合起來，從而通過獲得的數據結果，影響政府或公司的公共決定或政策，進而影響公共生活。當然，單個公民的力量是微弱的，隨着數據意識的提高，由公民組成的數據團體就會在這個領域發揮重要的作用。綜上而言，在人工智能時代，數據意識所催生的廣泛的數據使用，會成為公民公共事務參與的新方式。

數據參與：公民參與政治的新方式

公民參與，通常又稱為公共參與、公眾參與，是指公民試圖影響公共政策和公共生活的各種活動。公民參與乃是民主政治的核心問題之一，良好的公民參與既是實現公民權利的基本途徑，也是防止公共權力濫用和提升公共政策質量的重

要手段，有利於社會的穩定與和諧。因此，「擴大公民有序政治參與」也成為近年來中國政治發展的重要課題。隨着人工智能時代的到來，公民參與也會產生新的渠道、形式和內容，這些都值得高度關注和深入研究。

傳統的公民參與往往集中在有限的幾種形式。第一種是選舉參與，即通過投出選票來參與政治。這種形式已經受到很多政治學家的批評，因為這種參與實際上在很大程度上是一種被動參與。儘管一些學者，例如詹姆斯·費什金（James Fishkin）等，提出了「協商日」等補充的參與方式，即在選舉前進行充分討論，進而對選舉結果產生影響，來調和選舉制度的不足，但是，這種調和性的建議也恰恰說明選舉參與的不足。選舉參與是工業文明的產物，選舉參與的形式是一人一票，即每個人都提供均等化的、等值的公共選擇，這種特徵與工業化的特徵是一致的。但在後工業時代，人們越來越不滿足於這種服務。按照克里斯·安德森（Chris Anderson）的「長尾理論」（The Long Tail），人們對個性化的服務越來越感興趣，在公共服務領域也是如此，因此選舉參與的問題在人工智能時代會更加凸顯。

第二種是協商參與。這種參與的方式是協商民主理論家們所要求的，前述費什金等學者之所以倡導協商參與，既是為了解決選舉中存在的諸多問題，也是要開拓新的有效的政治參與方式。然而這種參與最大的問題是成本偏高。具體而言，協商參與的核心問題在於，公民需要把自己的意願輸入到政府的決策系統之中。這個互動過程存在一些實踐上的問題。例如，公民意願的集聚存在一定的限度，如果每個公民都去找政府官員面對面表達觀點，政府恐會無法承載這種系統性的壓力而崩潰。同樣，公民多樣化的要求如何能夠在政府決策的前置系統中得到體現，也是一個難題。此外，在政策信息公開的過程中，政府如何積極回應公民的意見，仍然缺乏十分有效的方式。雖然協商參與在一定程度上擺脫了以選舉為核心的委託代理存在的問題，鼓勵公民個體自身去表達其意見，但問題在於，公共意見的集聚並不能滿足公民個體化需求的表達。而在人工智能時代，協商民主可以通過數據使用的方式，得到更加有效的實現。

人工智能時代的到來，為公民的政治參與提供了新的可能路徑，即數據參與。所謂數據參與，是指公民將移動客戶端等電子設備，運用到政治參與的過程中。設備提供的數據分析和處理功能，能夠為每位公民提供個性化的參與政治的

方式。傳統的協商參與理論仍然存在許多問題，尤其是一些基本約束的存在，使得協商的實施存在一定的難度。首先，協商成本的約束阻礙了協商範圍的擴大；其次，協商意願聚合的約束導致協商質量下降；最後，公民參與的約束降低了參與者的積極性。而在人工智能時代，數據參與將在很大程度上打破這些約束，為公民的政治參與提供契機。

數據參與具有以下幾點特徵：首先，信息化操作，這使得每個協商參與者只需要通過一部移動終端就可以完成政治參與的過程；其次，大數據算法將提供給每個協商參與者相對合理的政治參與方案；最後，友好的平台服務，這可以為每位參與者提供個性化的服務，提升參與者的參與感和積極性，克服帶有一定區隔的「主體間性」。進而言之，數據參與的首要條件便是信息公開，由於我們所處時代的信息基本都以數字化的方式保存，因此信息公開也就是數據公開。信息公開構成了公民數據使用和數據參與的基本條件和前提。由此而言，未來政府的一個非常重要的功能，便是開放與公民息息相關的公共大數據平台，使這些數據可以為公司和公民較為方便地使用。

另外，在政府之外，一些公司也掌握了大量的數據並因此對公民的生活產生了非常強大的影響。公司對於公民生活，尤其是經濟生活的影響是長期存在的，在人工智能時代，這種影響會變得更加廣泛和深刻。戴維・C・科頓（David C. Korten）在《當公司統治世界》（*When Corporations Rule the World*）中就描述了公司對公民生活的干預和侵蝕。羅伯特・達爾（Robert Dahl）在其「經濟民主」思想中也認為，企業所擁有的強大所有權和控制力，會導致人們在福利、技術和信息等方面的不平等，從而影響公民參與的能力與平等性。這就意味着，對未來公民最大的干預性影響可能並非來源於政府，而是來自大型跨國公司等力量。因此，公民不僅要讓政府開放相關數據，也應當使公司開放相關數據，使得這種開放也成為大數據運動中的一部分。

在數據的使用中，公民得到了某種權利的賦權。在數據規則的制定中，公民可能處於相對弱勢的地位，但公民可以通過對數據的使用和相應的共同行動來彌補這種不足。例如，公民可以利用相應數據來找到政府公共管理中存在的瑕疵和漏洞，從而積極保護自身權益和相關權利。「維基解密」事件在很大程度上也可以被理解為這種數據使用的例子。而隨着數據開放程度的提高和公民數據使用

能力的增強，與此類似的事件或過程或許會成為常態。因此，公民通過數據使用可以監督政府或公司行為中的一些合理性或合法性的問題，從而實現權利的日常實踐。每個公民的個體行為，再加上通過互動形成的公民社會團體的集聚效應，就會產生強大的制約性力量，平衡公司和政府在這個大數據運動中的優勢權力地位，從而保障公民在有效參與中保障自身權益。

開放政府與開放企業：數據參與基礎上的雙向賦權

傳統的由公民推動的社會運動，一種常見的表現是群體性的抗議事件，即人們在參與渠道不暢或意見得不到回應的情況下，通過群體聚集表達其意見，例如呼籲中止政府已經做出決策的某些項目。這雖然也可以被視作一種政治參與，但這種參與是非體制性的，而且容易帶來社會動盪。具體而言，這種社會運動的問題在於社會抗議的成本很高，還會加劇公民與政府之間的不信任，甚至會釀成肢體衝突或流血事件。在某些情況下，政府的決策如果被中止，政府行為的負擔也會增加。這就是福山說的「否決性政體」的特徵。實際上，此類事件的頻發，還會使得政府變得越來越不願意做事情，以避免此類社會運動的出現。這些問題都違背了公民推動和參與相關運動的初衷。公民的共同行動或者說公民運動並非要推動一個無所作為的政府出現，而是希望推動一個有作為並負責任的政府出現。

因此，在人工智能時代之下，公民運動的方向，應當是把公民的抗議更多地調整為理性的數據抗爭。也就是說，公民的集體行動或聯合，應當更多地用數據來說話，並且要把數據表達前置於政府決策過程之中，而非在決策發生之後以消極的方式來中止執行過程。因此，公民運動應當通過推動政府的信息公開，即開放政府的建設，使得政府活動在每一個階段都能夠向公民分享足夠的信息，而公民在較好的數據感的支撐下，能夠對政府的決策做出充分的數據表達和信息表達。這就需要公民和政府、公司等數據擁有者進行雙向的「數據賦權」。

「雙向數據賦權」主要有兩個方面的含義：第一，強調主體間性而不是主體性；第二，強調賦予的內容既包括權力也包括權利。就公民和政府、企業之間而言，強調主體間性可以避免兩者關係的一元化傾向。強調賦予的內容包括權利和權力二者，可以鞏固雙方的主體地位，也可以避免雙方極化關係的出現。相互給予對

方一定的權力就是給對方讓渡生存的空間，這樣可以給雙方關係留下一定的緩衝地帶。同時，給對方讓渡權力也是將對方視作主體並給予尊重的一種表現。

具體而言，一方面，公民向政府、企業等數據擁有者進行賦權，允許其對公民許可範圍內的數據進行採集、整理和分析，並建立一個「數據資源池」，並可以在不違反相關法律規定的基礎上，以商業的途徑將數據轉讓給利益相關者使用，以此激勵政府或公司提供更為優質的服務；另一方面，政府、企業向公民賦權則意味着數據的搜集和開發，以及相關的數據產品都需要提供給公民使用，而不得通過掌握或是控制這些數據，來侵犯公民的權利與自由，從某種程度上說，就是需要實現數據的共享、共用。為了進一步保障「數據賦權」的實現，需要在以下兩個方面進行探索：

首先，從技術角度而言，由政府和公民共同參與和建設的公共大數據平台等技術手段，可以通過便捷的方式採集公民的需求，並通過後台的雲端運算平台把公民的需求進行模塊化和聚類分析，這樣就能夠將公民的意願前置到決策的過程之中。如果說以往信息表達的不對稱性使得公民的聲音得不到重視，那麼大數據平台積極採集和分析公民意願的技術措施，則可以使公民的表達和參與能夠獲得全面和科學的對待。因此，積極建設和參與類似的數據平台，是一種有效的公民參與的方式。截至 2017 年，微信的用戶已經超過 7 億，這樣大規模的用戶基礎可以通過一定方式加以有效利用。比如，可以在微信平台上開發可用於公民意願表達的模塊或程序，在某一個公共事件或項目進行時徵求大家的意見並在後台做出分析處理。如果能夠有效推動這種線上平台的建設，並適當加強線上與線下的互動，就能夠走出一種成本可控的大樣本協商之路。

因此，公民運動的重要方向應當是推進開放政府的建設。進而言之，開放政府的建設不僅僅是政府自身的行為，也需要公民通過有效的共同行動加以推動。進入人工智能時代，政府自身必然會要求向開放政府邁進，但由於部門利益和科層惰性的存在，政府不會十分主動地分享這些公共數據，這就需要公民來推動政府實現。開放政府建設的基本要求就是由政府來提供基本的公共大數據，更高的要求則是政府與數據公司聯合開發一些免費提供給公民的大數據工具，不斷鼓勵公民參與到開放政府的建設中來。從這個角度來看，在開放政府的建設中，政府工作人員就成為重要的信息節點，其重要功能就是把公民的數據使用的主動性、

數據公司的技術優勢和政府提供的公共服務結合起來。在很大程度上，這也是當前所強調的「P2P」（Public to Private，即公私合作）的要義。

其次，如前所述，公司在公民生活中的影響越來越大，尤其是公司在數據技術、數據平台和數據公開等方面的優勢地位不容小覷。因此，公民不僅要推動公共性的開放政府的建設，還要推動開放公司的建設，特別是與公民數據使用密切相關的公司的開放。這裡要注意公共性與私人性的區分，以及規模上的區分。一般而言，小公司的私人性更強，而作為超大型的公司，其運作和經濟行為涉及大量公民的福祉，因此其行為已不僅僅是私人行為。

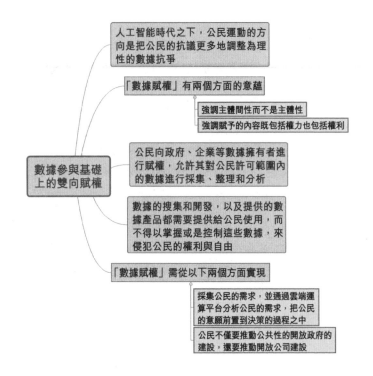

從這個意義上說，公司可以大致劃分為三種類型：一是生存型企業，這類公司還處於生存的邊緣，需要通過經濟活動來養活自己的公司和員工；二是發展型企業，即生存問題已經解決，並且通過經營發展在本行業中已具有影響力；三是社會型企業，即規模較大，產品影響到國計民生，從而具有廣泛影響力的企業。央企、超大型的民企、跨國大公司等都屬於社會型企業，這類公司的社會屬性將

促使其加入開放企業的建設過程之中。當然，在一定程度上，大規模的公司也會存在科層制的一些惰性。因此，公民就需要通過與這些公司的信息互動，使其在不影響其公司經營活動的前提下，開放公司自身以及與社會相關聯的各種信息和數據。由此，加強開放企業的建設，便會為人工智能時代公民數據權利的行使和保護提供基本的現實路徑。

結語：用數據賦權來對抗權力鴻溝

在人工智能時代，公民同政府與公司之間，形成了一個比較明顯的權力鴻溝。公司在信息服務的提供過程中，與公民簽訂了一種不對等的信息數據使用協議，從而在數據規則的制定中佔據了較為優勢的地位。政府本身掌握着大量的公共數據，並在國家安全等問題上會產生逐漸擴張的權力，從而可能與公司的數據權力相結合。這些都使得公民在人工智能時代的數字化生存中處於一種相對被動並且權力不對稱的狀態。

然而，單個或少數公民無法阻止這一趨勢。公民在數據洪流中的恰當選擇，應當是用數據把自己武裝好。也就是說，要積極培養公民的數據意識，增強公民的數據感、數據權利意識和數據使用意識——讓公民們通過積極的數據使用，來發現政府公共管理過程中的不足和問題，找到企業在社會責任履行中的不足與瑕疵，以調和其在人工智能時代中的劣勢地位。當然，公民個體的行為仍然會存在局限，這就需要公民社會團體在其中發揮更大的作用。

公民個體之間的互動加上社會團體的服務，各方聚合在一起就能夠產生人工智能時代的公民共同行動或者說公民運動。在人工智能時代，公民運動的要義是推動開放政府和開放企業的形成和發展。出於對自身的局部利益的考慮，政府和企業往往會在數據開放方面存在一定的惰性。因此，需要有積極的公民運動來推動其實現更為開放的數據狀態。這一類型的公民運動也可以減少社會抗爭的成本，並增加社會與政府、企業之間的黏合度與信任度。當然，這裡的企業主要是指規模較大的社會型企業，它們在公共活動中的影響往往可以與政府的作用相匹敵。

因此，公民運動的方向不僅是制約強大的政府，也包括制約強大的企業，這

樣才能最終形成政府、企業與公民三者相對平衡的數字化生存狀態。如果公民在這種較量中處於失衡的狀態，可能會引起極端的後果，即公民會選擇退出這種遊戲，或者選擇以抗議等激烈方式來表達不滿。這種情況最終也會損傷政府和企業在數據使用上的優勢權力。因此，政府、公民、企業應當圍繞數據的使用，形成一個開放、互動的交流平台，由此人工智能時代的數據使用才能走上一個良性發展的道路。

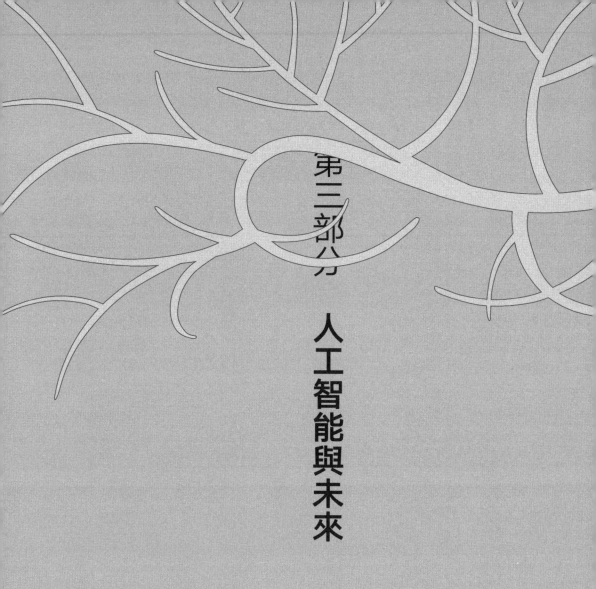

第二部分

人工智能與未來

第八章

主奴辯證法與相互承認：
試論人工智能戰勝人類的可能性

人法地，地法天，天法道，道法自然。

——《老子》

如果你想知道在這個時代的人類有哪些特徵將保持不變，很簡單：人類這一物種，將從本質上繼續尋求機會拓展其生理和精神上的能力，以求超越當前的限制。

——雷·庫茲韋爾（美國發明家，奇點大學校長）

提要

　　人工智能戰勝人類的可能性，會成為未來社會科學討論的關鍵問題。奇點是西方學者所描繪的人工智能超越人類的臨界點。目前來看，人工智能的發展非常有可能超出人類控制的範圍，而自學習就是人工智能最令人類生畏的地方。遺傳算法可以幫助人類獲得問題的最優解，但人類並不知道這一算法的運行邏輯及其背後的實現路徑。自我意識可能會成為人類智能的最終屏障，然而情感計算在幫助機器理解人類意圖的同時，也增加了機器發現其主體間性的可能。在未來，機器與人的關係很有可能會上演又一次主奴辯證法的循環。儘管人類的初衷是功利性地使用機器，但是人類對機器的依賴最終很有可能使其達成一種與機器相互承認的可能。換言之，人工智能很有可能在與人類的鬥爭中，取得自己的主體地位，並與人類實現黑格爾意義上的相互承認。

人工智能能否戰勝人類？這大概是人工智能領域最熱的話題，也是目前人類最關心的問題。人類作為地球的主宰者已經有幾千年的歷史。在語言和生產工具等條件的幫助下，人類打敗了地球上所有的大型動物，成為地球上最高級的統治群體。假如有一天人工智能戰勝了人類，將對人類的統治地位造成一種終極挑戰。人工智能被發明出來本是為了服務人類，然而未來的人工智能卻有可能戰勝人類，這似乎是一種悖謬，同時也像是一種反諷。當奇點來臨，人類將何去何從？

奇點：人工智能超過人類的臨界點

奇點（Singularity）一詞在英文中有異常、奇特等釋義。在數學概念中奇點表示不可定義的點，即分母為零的情況。在世人所熟知的天體物理學中，奇點被描述為宇宙起源時的狀態。宇宙在大爆炸之前，是以奇點的形式存在的。奇點有一系列不可思議的性質，如密度無限大、體積無限小、時空無限彎曲等，以至於光都無法擺脫它的吸引。我們常說的「黑洞」，也是以奇點為中心。技術奇點的概念最早是由著名數學家，「電腦之父」馮‧諾依曼（John von Neumann）提出。他認為：「技術正以其前所未有的速度增長……我們將朝着某種類似奇點的方向發展，一旦超越了這個奇點，我們現在熟知的人類社會將變得大不相同。」由此可以看出，馮‧諾依曼將奇點當作技術對社會產生重大變革的時刻。

而當今奇點概念的火熱則與雷‧庫茲韋爾相關。世紀之交，這位奇點大學的創始人、美國最有名的發明家在《奇點臨近》（The Singularity is Near）一書中闡釋了人類與技術結合的觀點，並把人工智能超過人類的那一時刻叫做「奇點」。庫茲韋爾用類似於描述救世主降臨的口氣，描述了奇點就要來臨的場景。這一帶有預言味道的觀點，產生了廣泛的影響，激起了紛紛揚揚的討論。庫茲韋爾不僅是奇點這一概念的提出者，還是人工智能的一個重要的實踐者。他創立了全球領先且體制極為獨特的奇點大學。通過這一大學，庫茲韋爾將最前沿的科學家和科技愛好者聚合在一起，為這一時刻的來臨做科學和技術上的準備。

許多人都對人工智能會戰勝人類或者在智力上超過人類這一觀點持贊同的態度，或者說絕大多數的科學家都認為人工智能在智力上已經或是終將超過人類。

這一點在 2016 年 AlphaGO 和圍棋冠軍李世石的對戰中得到了進一步證明。人工智能曾在 1997 年戰勝了國際象棋冠軍，儘管這一新聞在當時引起了爆炸性的轟動，但很快人類就歸於平靜。因為國際象棋不是人類棋類中最困難的，而圍棋則被視為人類智慧的最後一道屏障。

在 2016 年的人機大戰前夕，人類棋手還有十足的信心。聶衛平等著名棋手都認為在圍棋上，人工智能不可能戰勝人類。但結果很殘酷——人工智能完敗人類棋手。而且在之後的一些對弈中，人類棋手無一例外地遭到慘敗。這一點動搖了人類作為地球上最聰明生物的地位。2017 年 5 月，被認為是目前人類最高水平棋手的柯潔以 0 比 3 的戰績完敗於 AlphaGO，這點意味着在圍棋上，人類戰勝人工智能的可能性越來越低。這一事件也成為人工智能發展史上的一個分水嶺式的事件。

許多科技界的巨頭都對人工智能超越人類抱有憂慮的態度。例如 2015 年 1 月 12 日，一封由著名物理學家史蒂芬・霍金和企業家埃隆・馬斯克參與簽署的有關人工智能研究的公開信（*Research Priorities for Robust and Beneficial Artificial Intelligence：an Open Letter*）由生命未來研究所（Future of Life Institute）向全世界發佈，公開信宣稱「徹底開發人工智能可能導致人類滅亡」，「人工智能是超過核武器的對人類的最大威脅」等等。著名紀錄片導演詹姆斯・巴拉特（James Barrat）也悲觀地認為，「我們走向了毀滅之路……機器並不憎恨我們，但隨着它們獲得宇宙間最不可預測、我們自己都無法達到的高級力量，它們會做出意想不到的行為，而且這些行為很可能無法與我們的生存兼容。這股力量是這麼地不穩定而又神秘莫測，連大自然也只做到過一次。」

至於何時人工智能將達到人類的水平，專家們意見不一。戈策爾等人曾在美國做過一個調查，少數人工智能專家認為，到 2020 年人工智能就有望達到人類的水平。但總體而言，電腦科學家、機械人技術和神經科學領域的專業人士較此更為保守，他們認為，這一狀況在 2028 年實現的概率略高於 10%，2050 年的概率將會高於 50%，到 21 世紀末的概率則為 90%。

然而，人類還有安慰自己的辦法，因為機器終歸還是人類的造物。也就是說，人類到目前為止還有一種選擇，那就是拔掉電源，把這場人工智能的遊戲停下來。但事實上，人類已經無法讓這場遊戲停下來，因為在背後驅動這場遊戲

的相關利益十分巨大。據 CB Insights 2017 年發佈的報告《人工智能狀況》（*The State of Artificial Intelligence*）顯示，人工智能公司的股價在最近的 5 年中上漲了 5 倍，相關投資也從 2012 年的 5.59 億美元暴增至 2016 年的 48.71 億美元。不僅各大公司在進行人工智能產業的相關佈局，國家之間也在競相發展人工智能，以防在這場人類歷史上的第四次科技革命中落伍。例如，2012 年德國公佈「工業 4.0」計劃，將人工智能作為未來的重要發展方向；2016 年 12 月，英國政府發佈報告《人工智能：未來決策制定的機遇與影響》，闡述人工智能對其國力影響的重要意義；2017 年 3 月，「人工智能」首次被寫入中國政府工作報告。因此，儘管人工智能是人類的造物，但人類現在已經無法停止它發展的腳步。

自學習：人工智能讓人生畏的地方

人工智能概念的初期釋義，其實是指其自我學習的能力。凱文・凱利（Kevin Kelly）在《必然》（*The Inevitable*）中提出了「知化」（Cognifying）的概念來闡述人工智能，即賦予事物以認知和學習的能力，「把機敏的頭腦置入普通事物之中才能帶來真正的顛覆」。他舉了一個例子，人工智能的科學家們讓人工智能先玩人類在 20 世紀 80 年代玩的電腦小遊戲。人工智能在兩個小時內將這個遊戲玩了幾百遍，並找到了其中的漏洞，甚至還自動編寫出程序來跳過這個漏洞。這是人類上百萬玩家都沒有發現的，這一點讓人工智能的科學家們大吃一驚。另外，康奈爾大學電腦合成實驗室也曾開發出能從原始數據推導科學規律的軟件。電腦先是觀察鐘擺擺動，對鐘擺運動方程做出猜測，再結合方程的核心部分，通過多代演算之後，就可以輸出能量守恆等物理定律。

最近的一個研究發現，人工智能不僅可以自動運行遊戲，還可以自己發明出智能機械人之間溝通的語言。這是一種被稱為「遺傳編程」（Genetic Programming）的技術，「它通過機器學習的方式，並且運用自然力量，為一些人類要花很長時間（甚至數年）才能解決的問題尋找答案。它也可以用來編寫高功率的創新軟件。」在人們看來，機器的自學習能力已經達到了匪夷所思的地步。

人工智能的自學習能力對人類的影響突出表現在決策方面。例如我們的駕車路線可能會依賴智能導航系統，醫療診斷會依賴大數據提供的概率判斷，出行意

願會受到算法得出的天氣預報影響等。在現實中，人工智能幫助人類決策的過程會產生如下幾個問題。

首先，人工智能關於人的歷史信息可能是片段的，具有不完整性。例如，人工智能會採集某個人半年的數據，或者幾年的數據，但是，對他之前幾十年的數據可能沒辦法採集，因為歷史無法回溯。這將導致人工智能提供決策的不完整性。

其次，人工智能可能會從歷史的角度幫助人做決策，但是人的許多決策可能充滿了偶然性，因為人並非純粹理性的動物。當人們在某一時間點上希望做出一件與歷史上的他差異較大的決策時，人工智能仍只能把他向一個歷史的路徑牽引。舉例來說，一個人一直是用自私自利的方式處理問題，突然有一天，他被一個禪宗的故事點醒，並決定用新的方式解決問題。但此時人工智能仍會建議他按照原來的方式行動。這樣的建議無疑將干擾甚至代替他的決策。而這種干擾的本質，是以人工智能泯滅人的自由選擇權利，甚至於消解人的自由意志。

這樣的危險在人工智能「自學習」的概念中變得更加現實。前文所提到的人工智能的例子只不過是一種「初級的人工智能」，或者稱為「通用性人工智能」。而自學習能力的加強將導致一種截然不同的技術轉變。這一技術的轉變表現為通用性人工智能擺脫單一終端的決策系統，進而演化為一種集體智能（Collective Intelligence）。

我們目前的決策系統的做法是將個體提供的輸入值進行平均處理，不允許個體間的相互影響，因此容易導致群體性偏差。而集體智能則是「一群大腦的大腦」。其決策方式更類似於人類腦中的神經元，通過輸入大量的可執行單元，它們同步運行，能夠整合噪聲、權衡替代方案，最終以一種「足夠激勵量」（Sufficient Quorum of Excitation）的方式確定特定的決策。隨着技術的不斷進步，從中長期來看，人工智能將進化為「抽象人工智能」，可以理解用戶感情，甚至改變用戶的行為和生活習慣。在未來，人工智能將全面超越人類，演變為「超級人工智能」，在人們的行為之前進行預測，進而達到「限定」人們決策的結果。

在現實生活中，人工智能令人生畏的影響可能更為複雜。如果人工智能真的取代了數以百萬計的出租車司機、醫生、律師等，憤怒的人們一定會組織起來進行抗議，並對整個社會秩序形成挑戰和威脅。同時，絕大多數的社會資源很可能掌握在那些擁有超級人工智能的超級大公司手裡。或者說，少數的精英和人工智

能可能會控制整個人類社會的財富，以及相關的選擇。這種情況顯然會挑戰人類社會的理想秩序和基本原則。

傳統上，人們做出判斷都要依賴於自己的直覺。但是，伴隨着人工智能的發展，在人工智能不斷顛覆人類對智力的理解之後，絕大多數的人會在日常的生活和工作中高度依賴人工智能。這樣實際上就是把自己選擇的權利交給了人工智能，而那些控制了超級人工智能的大公司以及控制人工智能的技術精英就可能獲得了控制整個世界的超級權力。

這種超級權力極有可能是不受制約的，因為這些技術精英會用人工智能和算法來論證選擇的合理性。這裡可以設想一下未來很可能發生的一種圖景。例如，在美國 2030 年的一次選舉中，美國的公民可能會在投票時，向為自己生活和工作提供過所有智能指導的算法詢問投票傾向，然後在人工智能的投票指引基礎上做出判斷。由於人們已經對人工智能形成了一定的依賴，或者說絕大多數人已經無法抗拒或推翻人工智能的選擇，所以，每一個公民的投票實際上都是在超級大公司的人工智能指引下完成的。從另一個角度來說，最後的投票結果並不是公民的意願，而是在投票之前就已經被人工智能的意願所決定了。

未來的人工智能的功能會越來越強大，而人的自由選擇的空間會越來越小，所以這一問題將變得愈加突出。這種情況的結果就不僅僅是福柯所講的「知識序列的崩潰」導致哲學意義上的「人將被抹去」，而是現實意義上的人的消亡。人工智能而非「知識的組合」，將成為一種確保自我認同的思想系統。在此基礎上，某種新的極權主義將可能重新崛起。

情感計算與自我意識的產生

人類引以為傲的還剩下一個重要的內容，即自我意識。儘管人工智能可以在圍棋上戰勝人類，但這種戰勝本身不過是人類編程的結果，機器不可能擁有自我意識。流傳甚廣的「中文屋論證」（Chinese Room Argument）的思想實驗也是在說明這樣一個道理：假設把一個母語是英語、不懂中文的人關在一間滿是漢字符號的房間（數據庫）裡，房裡還有一本操作漢字字符的指導手冊（程序）。假設房間外面的人向房間裡的人傳入其他的漢字字符，這些字符其實是中文的問題（輸

入）。房間裡的人按照程序指令，能夠傳出漢字字符，而這些字符又是問題的正確答案（輸出）。通過這個思想實驗，約翰・塞爾（John Searle）得出結論，和這個房間裡的人一樣，電腦永遠不會真正地思考或者理解。研究人員充其量能夠對大腦進行精緻的模仿。

著名的人工智能先驅莫拉維克（Hans Moravec）也持這樣的觀點，並提出了「莫拉維克悖論」（Moravec's Paradox）：難的事情很容易，容易的事情卻很難。他在《心智孩童》（Mind Children）中解釋道：讓電腦在智能測試或下象棋上表現出成人水平的績效相對容易，但在感知和動機性上賦予他們 1 歲小孩的技能卻很困難，甚至根本不可能。人工智能並沒有意識到他在與人類戰鬥。因此這些學者認為，自我意識是區別人與人工智能的一個重要的特徵。

但是，自我意識並不是人類獨有的東西。最近的一些生物學研究表明，動物也有自我意識。尤瓦爾・赫拉利在《未來簡史》中講述了一個狒狒的故事——它可以躲在一個地方收集石頭，用以攻擊人類，由此可以推斷狒狒有一定的自我意識。

既然自我意識不是人類的專屬，那麼為甚麼機器不能擁有自我意識呢？庫茲韋爾認為，機器並不能簡單地被認為沒有「思想」，在很多情況下，機器和人的決策方式是一樣的。許多專家提出，像「沃森」機械人這樣的人工智能，靠的只是統計知識，而不是「真正的」理解。他們進一步闡釋到，「沃森」只是根據單詞序列收集統計數據，而人可以很輕鬆地把大腦皮層裡的分佈式神經遞質濃度稱為「統計信息」。但事實上，在解決歧義時，我們跟「沃森」所用的方法差不多：都是在考慮短語不同含義的可能概率。因此，對於機器是否能夠獲得自我意識的討論還不能過於片面和武斷。

那麼，人工智能究竟能否獲得自我意識？我們可以通過分析兩種找到自我意識的方法來討論這一問題。一種是雅克・拉康（Jaques Lacan）的鏡像理論，人在鏡子中看到自己的形狀，通過對鏡子中的我與自己的感覺相互印證，從而確認自我。這種自我意識，實際上是一種意識感，這種意識感的獲得，通過傳遞信號到一個相關的映射物，再折射給自己來完成。這實際上是一個信號傳遞的過程。

在鏡子被發明之前，人們可以通過河水等來認識自己。在現代社會我們有更多的方式，如照片、鏡頭裡面的景象以及對聲音的捕捉等。人工智能的機器在通過情感計算了解人類的過程中是否也有可能通過類似於照鏡子的這類活動找到

自我？目前科學家們也無法否定這一可能性。另一種是查爾斯‧泰勒（Charles Taylor）的理論。他認為，「在認同的不同條件或賦予其生活以意義的不同條件之間，存在着密切的關聯」，而這些關聯是「人類主體活動的不可逃避的結構性要求」。也就是說，自我是在群體的活動和意識當中被發現的，個體上所謂的自我，更多是群體意識的反應。

拉康的理論和泰勒的理論有共同的地方，即自我不是孤立的存在，而是需要某種媒介。但這兩者有不同的傾向，拉康更加強調個體自我的自主性，鏡子是為個體自我服務的，而泰勒更加強調一種主體間性。從這兩種理論出發，人工智能都有產生自我意識的可能。人工智能可能通過類似照鏡子的活動不斷確認和感知自我，同時，人工智能似乎也在發展出某些主體間性的東西。例如 Open AI 機械人學會使用自創的口語進行溝通合作，這就是主體間性的表現。只是現在機械人的進化時間還比較短，他們進行主體間合作的次數也比較少，所以人們對這樣一種關係的意義還不能夠清楚地認識。

情感計算也是人工智能未來發展的一個重要內容。情感計算是指機器通過人的面部表情或者體態來判斷出人的情感。儘管情感計算是由機器來理解人，但也為未來埋下了一個重要的伏筆，即機器通過理解人或許可以學會情感，或者說逐步具有自我意識。庫茲韋爾曾預言機器必將因此而擁有自我意識：「當它們說出自己的感受時，人類會相信它們……當機器說出它們的感受和感知經驗，而我們相信它們所說的是真的時，它們就真正成了有意識的人。」隨着自我意識的產生，美國著名人工智能科學家史提芬‧奧莫德羅（Stephen Omohundro）預測，「（人工智能）自我意識、自我改進系統將會發展出類似人類生物動力的四種主要動力：效率、自我保護、資源獲取和創造力。」隨着這些人類生物動力的獲得，就會產生一個重要的問題，即人工智能是否有可能奴役人類？

主奴辯證法的歷史循環

主奴辯證法這一概念是由黑格爾提出的。主奴辯證法對馬克思的學說有重要的啟發意義，馬克思關於工人階級一定會戰勝資產階級的論斷實際上受到了主奴辯證法的影響。這一辯證法在人類歷史上出現過幾個循環，首先是在一些主權國

家，奴隸獲得了地位，從而具有了主人的身份。在此之後，工人階級通過持續不斷地抗爭，也獲得了資產階級的承認，並通過西方的代議制民主制度得到了某種意義的主體地位。

然而，人類的許多活動仍然需要地位更低的人或動物或其他的物來完成，否則誰來進行這些生產活動呢？當資本主義國家內部工人階級和資產階級的矛盾逐漸緩和，其內部的「奴隸制」實際上被消滅，該由誰來從事類似於奴隸地位的工作呢？接替資本主義內部奴隸工作的是其他國家的人，資本主義體系通過對全球價值鏈中的高端價值的控制，來取得對發展中國家人民的變相奴役。當發展中國家的民眾流入這些發達國家時，在較長的時間內，大多數人都不可能拿到移入國的永久居住身份，這就給予了發達資本主義國家「奴役」外來人群的機會。

然而這樣的一種主奴辯證仍然在不斷循環。也就是說，越來越多的發展中國家意識到發達國家對全球價值鏈的控制之後，就會通過一系列的抗爭或者技術學習突破這種統治。例如，在改革初期，中國主動地用幾千萬件襯衣換一架波音飛機的代價來做代工廠，但是隨着製造業的發展，中國逐漸積累了資本和高素質的勞動力，成為製造業大國。而從世界範圍來看，進入發達國家的那些外來移民也在逐步獲得主人的地位。

在現代社會，通過人們持續不斷的抗爭，以及隨着人權觀念在世界範圍內的傳播和蔓延，人奴役人的情況變得越來越不可能。這就使得人不得不思考，誰將是下一個可以被支配或者奴役的物種？於是，答案指向了機械人，或人工智能。然而，一個無可辯駁的事實是，在人和機械人互動的過程中仍然有可能出現主奴辯證法的歷史循環。AI 開發人員加里斯（Garis）就說道：「人類不應阻擋更高進化形式的發展之路。這些機器如神祇一般，創造他們是人類的命運。」

隨着技術的不斷進步，人類淪為算法和人工智能的奴隸的可能性也越來越顯著，DNA 測試就是一個很好的證明。DNA 測試是一個與人類醫療相關的重要領域。美國在這一領域的龍頭企業是 23andMe，該企業由谷歌聯合創始人謝爾蓋‧布林（Sergey Brin）的前妻安妮‧沃希基（Anne Wojcicki）創辦。這裡的 23 指的是人類基因組的 23 對染色體。人們通過基因測序可以了解關於自己的一些潛在的秘密。該公司目前提供了非常便宜而方便的一種服務：用戶向該公司支付 99 美元，就會收到一個檢測包，用戶只需向檢測包裡面的試管吐口水再密封

寄給該公司，23andMe 就會分析唾液中的 DNA 並在線將結果發送給用戶。檢測結果會列出一系列由用戶基因所反映出的身體特質，並判斷未來可能出現的病症風險。

人們在使用這些人工智能的數據服務時，實際上面臨一種數據使用的困境。一方面人類本身有一系列問題亟須這些人工智能幫助解決，例如疾病的診斷、流感的預警等。但是，如果人們把大量的生物信息都告訴人工智能，將導致人類沒有任何隱私可言。同時，人工智能比人類更了解自己。或者説，每個人類的個體都需要藉助於人工智能的算法來了解自己。這就產生一個嚴峻的問題：人類的自主性在哪裡？人類存在的意義究竟是甚麼？

在幾千年文明的歷史中，人類一直引以為傲的便是對自己命運的主宰和對地球的掌控。然而，隨着人類把越來越多的數據和對數據的控制權交給人工智能，這種權利的轉移最終會導致決策的轉移。亦即當人類遇到一些重大事項時，往往並不是人類自己在決策，而是人工智能在決策。人類誇耀的自由意志，將越來越變成一個空洞的概念。那麼世界的主宰者就會變成人工智能和算法，而人類也就變成了算法的奴隸。人工智能對人類的威脅如此重大，以至於詹姆斯·巴拉特宣稱：「我們只有一次機會，與智能遠在人類之上的物體建立積極的共存關係。」

人與機器相互承認

1965 年，歐文·古德（Irving Good）發表了著名的論文《對第一台超級智能機器的一些推測》：「讓我們將超級智能機器定義為一台在一切智能活動上都遠超人類——不管人有多聰明——的機器。由於設計機器屬於這類智能活動的範圍，那麼一台超級智能機器當然能夠設計更為出色的機器；那麼毫無疑問會出現一場『智能爆炸』，把人的智力遠遠拋在身後。因此，第一台超級智能機器也就成為人類最後的發明了。」這段話經常被用來證明人工智能的可怕之處，但其實古德並非悲觀主義者，人們似乎是在刻意忽視其在文末的話：「機器會造成社會問題，但它們可能也具備能力解決這些問題，同時還解決那些人和微生物造成的問題。這種機器會叫人害怕，也會獲得尊重甚至喜愛。」

機械人可以在意大利思想家吉奧喬·阿甘本（Giorgio Agamben）的「赤裸

生命」的概念中得到解釋，因為機械人本身是沒有地位與身份的，而這兩點恰恰是赤裸生命概念的核心含義。機械人被創造的初始目的是為人類服務，所以人類實際上是把某種對奴隸的歷史作用的想像賦予了機械人。因此一些機器個人助手在被設計時就採用了一種主人與奴隸的對話方式，許多個人助手稱用戶為「主人」。然而這只是故事的開始，因為人類的道德意識總是在不斷地擴張。例如，在資本主義發展初期，婦女是沒有政治地位的，婦女的受教育權、選舉權等權利都受到不同程度的限制。但是人類道德觀念的進步使得一批先驅思想家開始思考這一問題，比如自由主義思想家穆勒。他們發表學說，向社會宣揚婦女權利，最後使得婦女獲得了和男子相同的政治、經濟、社會地位。近代以來的黑人奴隸也經歷了相應的歷史變遷。

因此，機械人在未來很有可能發生同樣的變化。即便人類在功利性地使用機械人時，也會慢慢地站在機械人的角度去思考這一問題。當然，從黑格爾的主奴辯證法來看，機械人也會通過自己的行為去反抗或者提醒人類關注它的處境。正如牛津大學哲學家尼克·博斯特羅姆（Nick Bostrom）所言，「先進的機器智能是截然不同的一類東西。儘管人類發明了它，它會爭取從人類手裡獲得自決和自由。」

未來或將出現人工智能版《人權宣言》

機械人的反抗與人類對機械人的理解是相互促進的。除去那種實用主義的考慮，人類也確實需要賦予機械人某種法律或實體的地位，以幫助人類完成某種社

會活動。例如，一個機械人到街上幫助它的所有者買咖啡，若它不具備民事法律主體地位，那麼賣咖啡的人就有權拒絕與它進行交易。因為交易後產生的法律責任，可能會更多地歸於賣咖啡的人，而非機械人。因此，這就會出現一種從赤裸生命到實體生命，或者數據生命的轉化。也就是説，未來機械人在與人類的互動中，會逐漸獲得生命的主體地位，以及與人類之間的社會網絡關係。

從傳統觀念而言，人們似乎很容易否定人工智能的主體地位。但是我們知道，在人工智能之前，我們已經賦予了一些不具有具象人格的主體某種主體地位，例如公司和國家。公司在實踐中被稱為法人，也就是說它具有某種獨立的人格。因此也就出現了公司作為主體的擬制犯罪說，即公司也會成為被告，並且要承擔相應的法律責任。同樣，國家也具有這樣一種類似的獨立的人格。因此賦予人工智能或算法以某種獨立的人格並不是完全不可能的事情。歐盟關於人工智能電子人格的討論以及相關規定，就是這一方面的嘗試性突破。

2017 年 1 月 11 日，歐洲議會法律事務委員會在敦促起草一系列用以管理和使用機械人和人工智能的規定時，啟用了「電子人格」的概念，以確定人工智能的權利和責任。為甚麼提出電子人格？基本原因就在於目前的許多實踐已經面臨了困境。比方說，音樂學教授創造了一個可以作曲的人工智能系統，那麼人工智能完成的音樂作品是否享有著作權？誰將享有這些音樂作品的著作權？按照傳統的法律，音樂學教授是不能擁有的，因為這並不是他的創造。與此類似的專利權的問題則更加嚴重。

另外，還出現了有關責任賠償的問題，如果機械人對他者造成了損害，那麼責任在誰？進而言之，機械人是否有權參與一些社會決策？事實上，機械人已經在廣泛參與人類的決策了，比如進行醫療診斷、判斷案例，甚至有公司讓機械人成為董事。那麼，機械人是否有權進行民主投票，或者參加陪審團？這一系列問題都指向電子人格的概念。電子人格的提出就是希望賦予人工智能某種人格，使其更加合理地實現其作用和功能。

人格概念的原意是指人的地位和狀態，而這裡的人格更多屬於法律意義而非哲學意義。這種人格意味着主體地位的獲得，在法律上只有自然人和具有法人資格的主體具有權利、受到保護、擁有特權以及責任。這在法律上就等於明確了機械人或者人工智能的民事能力和民事責任。

機械人的反抗與人類對機械人的理解是相互促進的。出於一種實用主義的考慮，人類也確實需要賦予機械人某種法律或實體的地位，以幫助人類完成某種社會活動。

　　為機械人或者人工智能設定電子人格的一個根本原因在於，原來由人履行的功能正在被機械人替代完成。在這種情況下，為機械人設定人格尤其是法律上的法人資格，是為了給機械人所造成的糾紛提供法律上的解決方式。然而，目前對於機械人法人資格的討論仍存在一些爭議。比如在解決機械人引起的糾紛時，如何確定機械人生產者和機械人使用者之間的責任劃分，以及隨着智能化的提高，機械人是否會成為一個完全自主的主體？相信在不久的未來，電子人格會從理念逐步進入實踐。

　　但是，賦予機械人人格在很多學者看來是一件可怕的事情，他們認為這是鑄成大錯的肇始，主奴辯證法的歷史循環將由此開啟。這樣的看法在很大程度上是狹隘的，因為賦予人格其實是對人工智能主體地位的承認。阿克塞爾‧霍奈特（Axel Honneth）認為，承認、蔑視和反抗，是社會承認的關係結構，「人必然承認，也必然被承認」。可以想見，當機械人的智能逐漸提高並獲得自我意識，它們不可避免地會「為了承認而鬥爭」，這樣的鬥爭將對人類社會帶來巨大的威脅。而只有主動尊重和承認人工智能的主體地位，才能最終緩和人與機器之間的矛盾，正如瑪蒂娜‧羅斯布拉特（Martine Rothblatt）所説：「當我們做到像尊重自己一樣尊重他人（即虛擬人），並將這一美德普及至世間各處時，我們就為明日世界做了最好的準備。」

結語：主奴辯證法的悖謬與新場景

　　人工智能是否會戰勝人類？這將成為未來幾十年思想界討論的核心問題。人工智能目前已經在多個領域挑戰了人的智力。一個明顯的例證就是 2016 年和 2017 年的圍棋人機對戰：圍棋長期以來被認為是人類智力抵禦人工智能的最後一

道屏障，但已經被人工智能超越和突破。另外，在智能醫療領域，人工智能更是在診斷以及手術等方面逐漸超越人類。因此可以預見，在未來的幾十年中，這一主題將會不斷被人類討論。

整體來看，人工智能的發展確實可能會超出人類的控制。因為人工智能所依賴的遺傳算法就是靠機器的自我學習和自我強化來實現的，對於其中最核心的算法內容，人類並不知曉。換言之，人類可以利用人工智能達到最優的算法，但是人類並不知道這些算法背後的邏輯，這是最讓人類感到恐怖的地方。另外，傳統上我們一直認為人與機器的最大區別是人有感情而機器沒有感情。然而，人工智能的進一步發展，以及人類社會對人工智能的進一步依賴，都會促使人工智能進一步擁有感情，這是讓人類感到恐怖的第二項重要內容。

黑格爾的主奴辯證法反映了人類史上的一種悖謬：獲得主導地位的一部分群體希望通過奴役另一類群體而獲得較為優越的生活，然而，被奴役的群體總是因其與生產工具的密切結合，戰勝優勢群體，並獲得優勢群體的最後承認。這樣的邏輯反覆地在人類歷史中上演，其主體包括女性群體、少數族裔群體和發展中國家等。伴隨着人權觀念的進一步發展，人類越來越發現以某一優勢群體來奴役或者控制某一弱勢群體的策略難以生效，因此不得不通過奴役或控制機械人來獲得人類生活的優越境況。

然而，與之前歷史上的悖謬相同，這種主奴辯證法的歷史轉換很有可能再次發生。逐漸獲得強大學習能力和自我情感的人工智能可能會在某種類似於照鏡子的活動中找到自我意識，也會在為人類服務的過程中逐步實現主體間性，而這些都將最終挑戰人類的優越地位。在未來的幾十年中，我們會看到一種場景，為了解決生活中的諸多問題，人類不得不依賴人工智能和機械人，而同時，這些人工智能和機械人在與人類的互動當中以及在生產勞動當中，可能會逐漸獲得自我意識和自我情感，最終在與人類的合作性鬥爭中獲得自己主體性地位，也就是黑格爾意義上的相互承認。

第九章

透明人與空心人：人工智能的發展對人性的改變

惻隱之心，仁也；羞惡之心，義也；恭敬之心，禮也；是非之心，智也。

——《孟子》

你該知道，末世必有危險的日子來到。因為那時人要專顧自己、貪愛錢財、自誇、狂傲、謗讟、違背父母、忘恩負義、心不聖潔、無親情、不解怨、好說讒言、不能自約、性情兇暴、不愛良善、賣主賣友、任意妄為、自高自大、愛宴樂、不愛神，有敬虔的外貌，卻背了敬虔的實意，這等人你要躲開。

——《聖經》

提要　　善與惡是人性的兩個方面，不同外部條件下，人性的善惡表現會有所不同。隨着人工智能時代的來臨，個人的隱私空間正不斷縮小。這使得人們隱藏自己想法的可能性變得越來越低，透明人將成為人工智能時代的重要特徵。在未來，技術會讓説謊的人變得越來越沒有容身之處，爾虞我詐的計謀人將可能成為歷史，而很少或永遠不説謊話的空心人將會成為人的主流形態。空心人的流行會使得潛規則或「套路」的作用逐漸減弱甚至消失。在這一背景下，人們會選擇更加善良的行為方式。或者説，由於人工智能的發展，人性向善的條件也會越來越成熟。然而，「套路」的終結也催生了另外一個新的問題，即人們可能會對人類存在的意義更加迷茫，這就需要人類做出更加深入的思考。

　　近年來，人工智能已經成為國內外研究的一個重要主題，關於人工智能的研究成果大量湧現，但其中關於人工智能對人性影響的研究卻相對較少。那麼，關於人性善惡的討論在未來的時代條件下會產生哪些變化？或者説，隨着人工智能和大數據時代的來臨，人們會更加走向人性善還是人性惡？當人工智能逐漸獲得人類的特性之後，人類的存在意義將是甚麼？這些關鍵問題對於人類發展的重要性是不言而喻的。基於這種考慮，本章在梳理人工智能對人性影響的基礎上，嘗試提出一些新的判斷和觀點。

人性善惡的歷史爭論

　　在人類的思想史上，關於人性善惡的爭論一直是一個經典的話題。尤瓦爾·赫拉利在《人類簡史》中指出，人類之所以能夠把地球上其他大型生物消滅，其原因之一就在於人類具有「講故事」的重要技能。用更加學術的語言説，這種技能在很大程度上其實就是人類思想的力量。特定時空中的思想可以把個體的人更為有效地組織起來，並以群體的方式發揮強大的效應，從而克服自然條件的限制而獲得更好的發展。從思想史上看，任何一種思想都是基於人類自身而產生的，其中一個重要的方面，就在於這些思想往往是以人性善惡的假設為基本前提的。

　　對於「人性惡」的假設，一直是西方思想發展的重要基礎。例如，基督教思想便是以人性惡作為基本預設。根據《聖經》的説法，亞當和夏娃沒有遵守上帝的誡命，在魔鬼的引誘下偷吃了禁果，這就是「人類始祖的墮落」。而亞當和夏娃所犯的罪過也會隨着生殖行為傳給他們的後代，成為人類的「原罪」，即「眾人都犯了罪」，因此人從本源上就是有罪的，而人到世間的所有事情都應當是對原罪的救贖。對於現實中的人而言，原罪幾乎就是其本性。

　　美國著名聖經學家穆爾（G. F. Moore）明確指出：「由於亞當的罪，世人都成了罪人，大家都處在上帝的律法遭到破壞的厄運下。不僅如此，罪不是人的天性，不是來自上帝的創造，但是由於遺傳、效法和習慣，罪成了第二天性，而且彷彿成了人所固有的素質，不可能擺脱的東西。」因此，「原罪説」是基督教人性論的思想來源，而且在很大程度上也構成了西方思想的源頭。由於這種思想的支配性影響，西方幾乎所有的社會科學知識都是圍繞人性惡的基本假設而展開的，

其核心就在於對人性惡的約束與防範。例如，霍布斯在《利維坦》中提出的「自然狀態」，即一切人反對一切人的戰爭，便是基於性惡觀念的假設。在此基礎上，社會契約、國家制度和權利觀念等才得以發展起來，由此，這種人性惡的假設也構成了西方現代政治學和法學發展的基礎。

而現代西方經濟學也存在「理性人假設」，即假定每個理性的個體都是自私自利地追求個人利益的行為體。這其實也是人性惡假設的精細版。上述兩種觀點在很大程度上構成了西方社會科學知識的主軸，很多研究都是在這兩點假設的基礎上展開的。例如，國際政治理論中的主流學派——現實主義同樣堅持了人性惡的假設，認為國家對權力的追逐是不可避免的。這一點被古典現實主義、結構現實主義以及之後發展出的進攻現實主義、防禦現實主義以及新古典現實主義都奉為圭臬。

然而，人性惡的假設僅僅是人類知識中的一部分，與西方形成鮮明對比的則是中國思想史中關於人性善惡的討論。中國的傳統思想給人性的本質提供了更為豐富的思想資源。其中最為典型的是儒家學說，儒家從最初便十分強調人性善的一面，例如，孟子用「惻隱之心」來解釋人性之善。

當然，中國思想中也有強調人性惡的理論，其中最為典型的則是荀子的性惡論。不過，荀子儘管強調人的本性是惡的，但是認為通過後天改造可以去除人性中的惡，樹立起道德觀念，亦即所謂「化性起偽」。荀子的學生韓非子將這種理論更加推進，提出了更加赤裸裸的性惡論。韓非子用一系列寓言故事論證人性惡的一面，並在此基礎上提出法家著名的權力至上和專制的思想。除了這兩種典型思想之外，中國歷史上的其他一些思想家也對人性進行了較為複雜的分類。例如，董仲舒在《春秋繁露》裡便提出了「性三品說」，他將人性分成上、中、下三品，而區分的標準實際上就是善惡的程度。

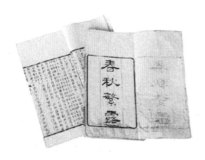

西漢董仲舒把人性分為上、中、下三等。他結合天人感應說，提出人性有上、中、下之別的觀點。他認為：「人副天數」，人是天的副本，人的身體和性情都來源於天。「天兩，有陰陽之施，身亦兩，有貪仁之性。」（《春秋繁露·深察名號》）

有關人性善惡的簡單二分法並不能洞察人性的複雜，我們應當認識到，善與惡是人性的兩個基本方面，更為重要的是，善惡的出現與人所處的外部環境緊密相關。例如，在生存狀態極其惡劣的情況下，為了爭奪稀缺的資源，人性會偏向惡的一面；而在生存狀態大為改善的情況下，人們減輕了對稀缺資源爭奪的壓力，人性便更加偏向善的一面。觀察人類的發展歷史就會發現，人類的演進是一個暴力逐步減少的過程，或者說是人性逐漸由惡轉善的過程。有學者通過大量的數據統計和分析，發現過去的世界中的血腥與殘酷，已經在今天大為減少，今天我們正生活在人類歷史上最和平的時代。

從經驗性的觀察來看，人類在近幾十年中對暴力的排斥非常明顯。例如，在一百年前，戰爭中戰鬥人員屠殺平民並不是甚麼禁忌，但在今天已經受到絕大部分人的抵制。這種變化也引發了關於戰爭倫理的討論，例如：

卡爾·施密特（Carl Schmitt）在其著作《政治的概念》（*The Concept of the Political*）中就提出了把戰鬥人員偽裝成平民展開戰鬥的辦法。在早期關於戰爭的思想著作中，為達戰爭目的不擇手段似乎是一個被認為正確的公理。但是在戰爭倫理不斷發展的今天，暴力的使用被制定了嚴格的規則。例如，各國通過國際條約逐步確立了戰爭中不能夠使用大規模殺傷性武器、禁止虐待戰俘等原則。

另外一個支撐人性善的重要內容是慈善的興起。人性良善的社會必然是充滿慈善和善行的。

在現代社會中，慈善越來越成為經濟社會生活中非常重要的一項內容。一個合格的企業或公民往往會花費一定的時間和力量來做慈善，並將其視作現代生活的重要組成部分。而在工業文明之前或早期，人們還不能解決自身溫飽問題的時候，這種現象是不可能普遍存在的。因此，普遍的慈善或公益行為，與後工業社會的出現有着密切關聯。羅爾斯的「差別原則」便是在這一背景之下提出的。差別原則的提出作為西方政治思想史上里程碑式的事件，提倡人們在考慮利益時不再以個人的利益為中心，而要以最不利的人的利益為中心。這一思想的提出，也給現代社會的公平正義提供了新的標準和依據。更為重要的是，這些原則的運用和實施，也可以逐漸引發心理學中的共情效應，進而從道德革命的層面提升人性趨善的程度。

如果說人性向善的趨勢需要一定的外部條件，那麼由科技革命引發的生產力

大發展和生活形態的進步，就為人性展示其善的一面奠定了基礎。這一點在人類現代化的過程中表現得尤為明顯，而現代化的基礎在很大程度上就是科學技術的不斷進步。因此，兩次工業革命深刻改變了人類的社會形態和物質基礎，而以信息技術為代表的新科技革命則在更深刻的層面上改變了人類的生存形態。按照這種邏輯，以人工智能為代表的新一輪科技革命，同樣也會影響和改變人性發揮作用的外部基礎。那麼，隨着人工智能所帶來的這種基礎條件的改變，人性將會產生哪些新的表現形式和變化，則是需要我們認真思考的。

大數據時代下的透明人

可以預見的是，在未來的大數據時代中，人類幾乎沒有甚麼隱私可言。近年來包括各類社交軟件在內的一系列移動互聯網 App 的興起，極大地改變了人類的生活習慣。其中的一個關鍵變化在於，每個個體都在不斷地向數據服務提供商提供自己的數據。但是，許多人在這個過程中並沒有意識到這種行為對未來會產生的重要影響。人們在 Facebook 或微信朋友圈中上傳自己的照片，並在與朋友的相互交流中獲得愉悅，多數人只是將此視作非常有趣的事情，卻沒有想過這一行為對其隱私構成的巨大隱患。例如，如果誤加了一個懷有惡意動機的陌生人的好友請求，他就可能將你的朋友圈信息匯集成關於你和家人的信息圖譜，從而利用其中的漏洞對你的生活造成威脅或傷害。從目前已經發生的類似案件來看，這將成為一件輕而易舉的事情。

目前，人們不僅養成了向服務提供商提交數據的習慣，這一趨勢還在以加速度的方式向前演進。值得注意的是，在你提交自己數據的同時，往往也在提交別人的數據。例如你發佈的照片中包含照片本身的信息以及照片的地理數據與時間數據，並且如果你的照片中出現了另外一個人，那麼後台的機器就會通過人臉識別獲得另一個人的信息。在這種情況下，儘管你身在現場，但人工智能會比你更了解你所處的環境。更為重要的是，這些信息在很大程度上是可以永久保存的。這種情況很容易讓人想起邊沁（Jeremy Bentham）發明的全景式監獄和傅柯提出的社會大監獄的景象。邊沁發明了一種全景敞式監獄（panopticon），以便於管理者密切監督每一個罪犯，因為充分的光線和監督者的注視比黑暗更能有效地

捕捉囚禁者的一舉一動。傅柯則提出了社會大監獄的說法，意味着在社會之中，監視就像人的毛細血管一樣無處不在，而人也在社會規訓中做出自己的選擇。這些場景在很大程度上與大數據時代中人的境況非常相近，即人們生活在一種缺乏隱私和充滿監視的環境之中。由此，在大數據時代，人的隱私問題就會變成一種迷思。

因此，這裡可以提出一種「透明人」的概念。所謂「透明人」，是指通過大數據的比對和信息還原，每一個個體在一系列時間段的所有行為都可以在事後被還原出來，由此每個人的生活狀態都將在很大程度上成為透明的。這種情況已經在現實中出現了，例如調取監控錄像已經成為現代刑偵過程中的重要組成部分。當某個爭端或犯罪活動出現，四周往往都會存在監控攝像頭，警察則可以通過一定程序調出相關錄像而獲得關鍵證據。這種圖景在未來可能應用得更為廣泛，因為在現實生活中，越來越多元的傳感器或軟件正在不斷產生大數據內容，記錄下人們生活的方方面面。

例如，我們所有的郵件都會存儲在服務提供商的數據平台上，我們所有的文字溝通記錄，也都會保存在社交媒體軟件提供商的信息平台上。如果有正當需要，相關人員可以通過一定程序獲取這些資料。我們已經知道，在現在的公共空間中佈滿了各種傳感器。如果說目前我們還有許多信息採集的死角，那麼在未來，這種死角會越來越少。因此，這種人的信息的透明化和無隱私化，在物聯網時代會更加顯著。

物聯網意味着原本無意識、無感知以及無信息處理的物，通過人們後期的編程和計算而變得更加智能。物聯網的發展，也會逐漸進入到人們的私人生活空間中，去獲取人們的數據信息。例如智能家居的發展，就是在家庭中部署更多的傳感器和信息處理設備，這些傳感器和設備都需要通過聯網來實現其功能。因此，智能家居的使用關鍵在於其自動化的功能，尤其是依靠服務商後台人工智能的信息處理來牽引。如果智能家居得到普及，那麼人類的家庭生活都會暴露在人工智能的監控之下，這會讓人的隱私空間變得越來越小。

在人們的觀念中，家庭是隱私的重要範疇，在家庭中每個個體都是家庭的領主，他們在這片領地中享有完全的隱私。因此，在美國一些州的法律中，不經主人同意私自闖入其住宅，主人甚至可以使用暴力來驅逐，這種暴力被視作合法和

正當的。按照自由主義的理論，人有決定自己命運和重要事項的權利。然而，智能家居的發展卻使得家庭的私人空間屬性變得越來越弱。因為，智能家居公共空間的屬性給傳感器的佈置提供了合法性，而智能家居的管理要交給聯網後的控制中心來處理，這就給控制中心或後台技術人員獲取個人隱私提供了便利。當然，智能家居只是物聯網的一個側面，未來的一系列相關發展會更具複雜性。例如，隨着機械人的商業化應用，越來越多的家庭可能配備相應的機械人。機械人設計的目的是服務於人類，幫助人類解決問題，而更好的服務往往要以機械人擁有者的大量信息數據為基礎。這些數據會被提交給機械人背後的物聯網和數據中心來進行處理。因此，在未來，人的一舉一動都會被數據化，並且以不同的形式和內容提交給處在不同領域的數據中心。由此，人類將進入一個一舉一動都可以被還原的時代。

大數據時代，隱私保護幾乎成為「不可能」

很多歷史學家都致力於「還原歷史」，但在很大程度上，歷史往往是難以被完全還原的。因為歷史是由人來記錄的，而由於人的主觀性的存在，歷史的細節和真相很難被準確完整地記錄下來。這種歷史的不可還原性，被意大利哲學家阿甘本概括為「證言的不可能」。阿甘本用一個極其抽象，同時也少見的例子來論證這一點。他指出，在奧斯維辛集中營，那些看到過最恐怖事件的人是沒辦法生存下

來的，而生存下來的人恰恰是那些沒有看到過恐怖場景的人，因此從更為精確的意義上講，證言是不可能的。阿甘本的觀點對刑事偵查具有非常重要的啟示。在一件兇殺案發生後，警察所搜集的許多證據和證言實際上是碎片化和不完整的，人們很難通過碎片化的信息還原出完整的現場。然而，隨着大數據和物聯網時代的來臨，這種情況可能會發生顛覆性的改變。原因就在於，人為的記錄將會被由傳感器和電子設備所記錄的大數據信息所取代，而後者的客觀性和全面性，會在很大程度上有助於實現具體場景或事件的還原。

當然，這種「透明人」的發展趨勢也可能產生一定的副作用，其中一個異化結果就是，信息的謬誤會對人造成長期的不利影響。例如，一次謠言或某一場司法糾紛，就可能把某些人的相關信息暴露在網絡之中。由於網絡的自我繁殖式的傳播，這種負面信息就會永久地存在於網絡空間中。針對這一問題，社會上出現了關於「遺忘權」的公共討論。大數據時代的一個重要特性是記憶變成了常態，而遺忘變成了例外。而在人類歷史中，遺忘一直是常態，記憶才是例外。人類克服遺忘的鬥爭是通過語言、書寫和繪畫等形式來實現的，人們發明了這些記錄人類知識的形式，並不斷強化自己的信息提取能力，從而盡可能地克服遺忘。而長期以來，能夠「青史留名」的總歸是少數。

但是隨着大數據時代的來臨，人類社會的記憶變成了常態，而遺忘變成了例外。也就是說，與人相關的所有信息幾乎都會被記錄下來，沒有甚麼可以被遺漏。然而，人並不是絕對完美的，人的一生中會有無數次的錯誤，人們獲得發展的重要方式就是在錯誤中學習，並且在很大程度上忘記錯誤，否則人就會在自我糾結中痛苦終生。從這個意義上講，對於人類而言，遺忘也是一種生存方式，同時也可以被視作一種權利。

但是，大數據時代中的透明人卻很難獲得這種遺忘和被遺忘的權利。當關於某個人的不利信息存在於網絡之中，他人的每一次搜索都會加深這種負面印象，導致不良標籤經久長存。尤其是對於刑釋人員而言，犯罪的不良記錄會長期存在，這會讓他人對其產生標籤化的刻板印象，由此產生歧視和自然隔閡。更為重要的是，這種不公平的負面印象會增加這些人改過自新的難度。例如，刑釋人員可能會深刻感受到自己將遭受的排斥和歧視，從而增加心理壓力，這將妨礙其社會融入，甚至可能造成再次犯罪。

歐盟在 1995 年就在相關數據保護法律中提出了「被遺忘權」的概念，任何公民可以在其個人數據不再需要時提出刪除要求。歐盟委員會從 2012 年開始建議制定關於「網上被遺忘權利」的法律，提議包括要求搜索引擎修改結果，以符合歐盟保護個人信息的方針。歐洲法院 2014 年 5 月 13 日裁定，普通公民的個人隱私擁有「被遺忘權」，並據此要求國際網絡搜索引擎巨頭谷歌必須按照當事人要求刪除涉及個人隱私的數據。

　　正如電影《月黑高能》（The Shawshank Redemption）裡面描述的情景，一位名叫布魯斯的老犯人在幾十年中習慣了監獄的生活，以致在出獄之後無法適應外面的生活而最終選擇自殺。同時，對於那些沒有違法犯罪的人而言，長久存在的負面信息導致的他人的歧視和誤解，也可能會促使其產生犯罪的心理，從而走向違法犯罪的道路。因此，我們需要對這一問題進行深刻的反思和補救。對於那些在互聯網上有負面信息的人，當可以證明這些信息是錯誤的時候，應當可以要求信息服務提供商全面刪除這些信息。當然，這種被遺忘的過程在實踐中是極其困難的，因為會有太多的人向服務商提出申請，而提供商根本無法有效辨別這些信息的真偽。且信息服務提供商也只能刪除自己平台上的信息，對於已經轉載的內容也是無能為力的。這種情況可以清楚表明人們在大數據時代所面臨的困境：人們需要通過信息和數據的提供來改善生活的質量，但是每個個體向社會提供的信息越多，他暴露出的瑕疵和錯誤也就越多，對其信息的修改和美化就會越來越困難。

空心人在物聯網時代中的進化

　　正如前文所提及的，物聯網時代是一個描述未來的詞彙。而在物聯網中最重要的基礎條件應當是廣泛存在的各類傳感器。在物聯網時代，傳感器的數量將是人類數量的成百上千倍。且不說未來的智能家居和機械人的應用會以幾何級的增長速度來增加傳感器的數量，單單目前每個人的智能手機上，就已經集成了 20 多個不同的傳感器。我們經常聽到和感受到的傳感器，就有重力感應器、加速傳感

器、光線傳感器、距離傳感器、電子羅盤等等。而目前更高端的智能手機所配備的傳感器還有氣壓傳感器、指紋傳感器、霍爾感應器、心率傳感器、紫外線傳感器、血氧傳感器等等。傳感器作為物聯網中的重要設備，既是信息的採集方，也是解決指令的發出方。

人們的日常生活已經和這些傳感器密切相關了，而這種關聯程度會隨着技術的普及越來越密切。從目前來看，傳感器未來發展的兩個重要領域，就是語音識別和人臉識別，而這兩個領域都是針對人的。這些識別技術進一步發展下去，就會與情感計算結合在一起。也就是說，傳感器和後台設備不僅會判斷出某一個人是誰，還可以通過其表情來分析其心理狀態的變化。可以想見，基於海量的大數據，這種情感分析技術會變得更加精準，而這種技術的一個重要應用，就是讓測謊儀的使用變得非常普及和便利。

在科幻或魔幻影片中經常會出現「讀心人」，這在未來可能會成為現實。例如，人的語音信息中包括了非常多的情感因素，人在緊張狀態下的語音和自信狀態下的語音是完全不同的。而語音識別軟件不僅能識別語音信息，還能分析語音背後人的情感變化，這就是測謊儀所希望實現的基本功能。隨着此類識別技術的發展，未來的測謊儀可能會變成手機的一種功能。可以想像這樣一種場景，未來的你和某人對話時，可以打開軟件來實時測試此人所說話的真假。與此相關，人們也可以通過鏡頭採集的數據來分析人的微表情，來判斷這個人語言背後的一些想法。

實驗證明，人類的大部分行為都受制於規律、模型以及原理法則，而且它們的可重現性和可預測性與自然科學是不相上下的。因此，未來的技術發展會讓說謊的人變得越來越沒有市場。當然，這種理想的情況並不是一蹴而就的，在這些技術的應用初期，人們可能會因此而與身邊的親友產生糾紛，甚至斷絕關係。但正如囚徒困境中的博弈模型的結果那樣，在人們經歷多次博弈之後，合作可能會成為最好的結果。在囚徒困境中，囚徒的煩惱在於彼此的信息隔閡，但是技術的發展將使這一問題得到很好的解決。如果這種情況成為現實，那麼未來的犯罪率的降低也是可以預期的一件事情。

陽光是最好的防腐劑，充分的監督可以極大地降低犯罪率，這一點在工業時代就已經得到證明。此前，為了與智能城市的發展相配套，杭州在城市公共空間

中安裝了更多的鏡頭和傳感器。事實證明，這對改善杭州的公共秩序和降低犯罪率有很好的輔助效果。在這種技術充分發展的條件下，幾乎所有的行為過程都可以被還原出來，這就極大地壓縮了犯罪分子活動的隱性空間。如今的許多重要案件，都是通過分析鏡頭捕捉的信息而破案的。如前所述，傅柯從批判的角度來看待監視對人類自由的約束，但從另一個角度來講，這種監視也極大地限制了人們的不良行為，特別是犯罪行為的發生。

與此相關的另一項重要的科技進展，則是 DNA 檢測技術的普及。近年來，利用 DNA 技術破獲的重要案件層出不窮，其中一個較為典型的案件就是著名的白銀特大殺人案。犯罪嫌疑人在 20 多年前連環殺害多名女性，一度造成白銀市的社會恐慌，警方儲存了犯罪嫌疑人的 DNA 信息，但在當時的技術條件下難以排查到嫌疑人。多年之後，堅持不懈的警方在 DNA 配對中發現了非常相近的樣本，從而找到了犯罪嫌疑人的親戚，由此順藤摸瓜，破獲了這起長期懸而未決的案件。同時，前文論及的阿甘本關於「證言的不可能」的論述，也因為這些技術的發展而變得可以商榷。

長期以來，對於許多刑事案件而言，相關的證據和證言往往是碎片化和不完整的，而且人們也很難通過這些信息還原出完整的現場。人們對福爾摩斯式人物的嚮往乃至崇拜，實際上源於這種還原的高難度。

然而，隨着 DNA 檢測等技術的發展，還原現場變得更加容易。即便犯罪嫌疑人採取了一系列反偵察的手段，總還是會在現場留下蛛絲馬跡，這些痕跡會隨着技術的發展而被警方獲取。例如，由於生物監測技術的進步，即便犯罪嫌疑人戴了手套，手套與手指之間依然會產生能量的交換，公安部門便可以通過現場遺留的痕跡進行信息還原。更為重要的是，現在很多國家的公安部門正在建立龐大的DNA 數據庫。這不但有利於對犯罪嫌疑人的追蹤，還可以產生震懾效果，使得潛在的犯罪心理化於無形。當然，也有人反對政府對公民 DNA 的普遍採集，其理據在於，採集 DNA 就意味着他成了潛在的犯罪嫌疑人，這與司法上的無罪推定理論是相悖的。也就是説，對於沒有犯罪嫌疑的普通人，不應當像對待犯罪嫌疑人那樣，去採集他們的個人信息。

阿甘本非常敏感地結合親身經歷討論了這個問題。在「9·11 事件」之後，阿甘本受邀赴美國的一所大學講學，但在機場安檢時被要求採集指紋。對此，他以

學者身份表達了憤怒。出於安全的考慮，機場的這種做法在美國是合法的，但是阿甘本將其視作納粹虐待猶太人和殘殺國民的前置性事件。在阿甘本看來，當年正是在對猶太人和吉普賽人採集指紋之後，希特拉才得以發動種族滅絕的計劃，並最後導致了德國乃至世界人民的悲慘命運。從這個角度來看，美國在機場採集指紋的措施與納粹德國的行為並無區別。

阿甘本的這種觀點反映了 DNA 採集等技術應用對人類自由的限制。但從另一個角度來看，機場採集每個人的指紋也反映出現實社會對人性最壞情形的無奈應對，也就是做最壞的打算，把殘酷性置於首位。同樣以安全檢查為例，所有乘坐飛機或火車的人都會被要求檢查攜帶的行李物品。這意味着，每個人都被定義為可能攜帶違禁物品的「嫌疑人」，因為我們無法通過簡單的觀察就把那些攜帶違禁物品的人與正常遊客區分開來。由此，把每個人都當作潛在的危險人物的最壞假設就成了當今維繫社會安全的最佳制度。英國著名哲學家大衛‧休謨（David Hume）的「無賴假設」可以很好地解釋這一制度設計。休謨認為，雖然大多數人都是好的，只有少數人是無賴，但是在設計制度時必須把每個人都當作無賴。

這一系列論證都指向一個主題，即在大數據和物聯網的時代，幾乎所有的與我們相關的歷史和場景都可以被還原，而人們在這一過程中的錯誤行為或者犯罪行為都會被其他人或相關機構捕捉到。一開始，這種錯誤或犯罪的暴露會引起人們的恐慌，但是在經過多次博弈之後，人們會對這些行為越來越謹慎，不再容易說謊或犯罪，即便有人被捲入錯誤行為，也會在第一時間公佈自己的心理狀態，因為他知道這件事遲早會被發現，只有事先坦白才能降低人們對其錯誤行為的譴責。假如這種互動模式能夠沿着積極的方向長期演進，那麼使用陰謀和爾虞我詐的「計謀人」將可能逐漸成為歷史，而真誠可愛、很少或永遠不說謊話的「空心人」將成為人的主流形態。

「套路」的終結與人類獨特性的消失

如果空心人成為人的主流形態，便會導致「套路」的終結。具體來說，在人類的顯性規則之外，還有大量的潛規則存在。人們習慣於用「套路」來表示人類社會中的一些潛規則。也就是說，當一個人新進入某個情境中，對於這些潛規則

是不了解的，只有長期生活其中，才會漸漸清楚相應的運行規則和規律。在社會學的表達中，這種現象也可以被稱為默會知識（tacit knowledge）。

然而，空心人的流行會使得潛規則的意義越來越弱，甚至逐漸消失。在這一背景下，人們會選擇更加善良的行為方式，或者說，人性向善的條件也會越來越成熟。弗朗西斯・福山在其著作中討論了信任的問題，他認為信任增加了社會資本，從而創造了繁榮。羅伯特・帕特南的《獨自打保齡球》（Bowling Alone）與福山的主題是一致的。帕特南認為，美國人的現代生活使得原先的傳統共同體在減弱，人們在工業文明早期的小團體中形成的社會資本正在消失，這對美國社會產生了不利的影響。因此，帕特南和福山都強調信任和社會資本對於人的重要意義。戴維・布林（David Brin）也在《透明社會》（Transparent Society）一書中引用被稱為「域名女主人」的埃斯特・戴森（Esther Dyson）的話：「真正的挑戰不是讓所有的事保持秘密，而是限制信息的濫用。這也意味着信賴和更多關於信息如何使用的信息……無論他人怎麼要求你更具開放性，最合理的方案就是讓這種開放性變成互利共贏。信任但是要驗證，沒有互惠的合作就是支配關係。」

這幾位學者的討論都指向一個主題，即信任節省了交易成本。人們之間不信任，就會設計出複雜的制度來降低風險，而這些都會成為社會成本。如果生活在一個充滿信任的社會中，這些制度和交易成本都可以節省下來。例如，傳統的圖書館需要設計出一套複雜的程序和制度讓借書人在規定時間內還書。但隨着社會的發展，目前圖書館都簡化了相應程序，人們不需要甚麼手續就可以拿走相應的書。這種做法並沒有導致書本的減少，反而吸引了人們把自家的書捐給圖書館，這就是相互信任所產生的社會力量。

互聯網和物聯網的發展邏輯，實際上就建立在這種開放共享的理念之上。就是許多黑客所追求的開源軟件，也正是基於這種理念而得到發展的。例如，2011年，艾倫・施瓦茨（Aaron Swartz）因公開了從期刊儲存機構 JSTOR 得到的大量科學論文而遭到 JSTOR 的起訴。由於庭審的不利和自身的抑鬱症等原因，他於2013年自殺。由此，施瓦茨被視為互聯網開放的先行者和犧牲者，並使得大量黑客針對 JSTOR 發動了各種請願和攻擊，後者最終表示歉意並公開了部分數據。這一案例表明，互聯網的發展意味着開放和共享理念的實現基礎在增強。克里斯・安德森在《免費》（Free）一書中指出，未來的互聯網或大數據服務要做到免費，

這使得理性世界中的算計越來越失效。在這種情況下，精於算計和「套路」的「計謀人」就會變得無用武之地。人們會更加坦然地面對「套路」及其影響，用禪宗的話語來說就是：沒有套路就是最好的套路。

然而，「套路」的終結也產生了一個新的問題，即人們可能會對人類存在的意義更加迷茫。人類之前驕傲地認為只有人類是有情感的，並且也認為人類思維的複雜性是人和機器的重要區別。也就是說，包括爾虞我詐和算計等在內的「套路」，在很大程度上也是人性的自然反映。而「套路」的終結也就表明，人類的獨特性也在消失。人們要藉助於人工智能才能解決社會中極其複雜的問題，而複雜的問題往往也是和情感結合在一起的。因此，人工智能的發展也會使得機器越來越像人，甚至使得機械人也具備一定的情感。在未來，人與人工智能戀愛的情況將可能出現，而更為可能的情況，則是人藉助人工智能來解決心理問題。

目前 IBM 研發的 Watson 機械人可以為人們提供非常便捷的法律服務，但是法律問題往往是與情感問題相關聯的，因此未來人工智能的法律服務就需要增加情感的選項和內容。由此可知，機器的情感化是人工智能不可避免的發展方向，而與之並行的則是人類的「空心化」。這使得我們去思考一個元問題：在放棄了那些被認為人類獨有的「套路」或複雜情感之後，人類還會有甚麼獨特的東西？進而言之，如果說人工智能會從外部條件的角度促使人性趨向善的一面，使得人們變得「透明」和「空心」，那麼人類在實現普遍的善之後還會追求甚麼意義呢？難道人類追求的意義就是指揮人工智能來為人類服務嗎？在某種程度上，對於這些元問題的思考是令人煩惱的，但同時又是不得不面對的。對於人類自身而言，人工智能可以改善生存條件，同時也會通過對人性的影響而帶來新的問題，這些都是需要我們深入思考的。

結語：真善美作為人類的最終狀態

綜上所述，關於人性善惡的爭論是中外思想史上的重要主題，但隨着現代社會的發展，尤其是 20 世紀下半葉以來，人性向善的趨勢變得十分明顯。在很大程度上，這與經濟條件的改善以及道德倫理的發展密切相關。在未來，人工智能、大數據和物聯網的發展會使得人性向善的趨勢更加明顯。在大數據和物聯網時

代，「透明人」將成為人類的重要生存狀態。因為在人工智能深入生活的情況下，人類會變得沒有甚麼絕對的隱私可言。即便是家庭這樣重要的隱私空間，也會由於智能家居和機械人的應用，而使得隱私的保護變得非常困難。或者説，在新的時代條件下，遺忘變成了例外，而長久的記憶變成了常態。這就使得相近的歷史可以被完整地複述和還原。

另外，伴隨着人臉識別和語音識別等技術的發展，測謊儀可能會得到非常普及的應用。DNA 檢測等生物技術的發展也使得犯罪現場的還原變得非常容易，這會使得犯罪行為大大減少。這些發展都會促使人類越來越少地採取「套路」、兇殘和錯誤的行為。或者説，人們在全面監視的威懾之下，經過相互之間的多次博弈，往往會採取真誠的策略而放棄相關的「套路」。

因此，從人工智能的發展趨勢及其對人性的影響來看，人性向善的外部條件會變得越來越成熟，走向善良和真誠應當是人類不可避免的選擇。但是，這種「套路的終結」也會引發新的悖謬。也就是説，包括爾虞我詐和算計等在內的複雜情感似乎是人與機器的重要區別，或者説是人類獨特性的重要表現。如果人們放棄了這些「套路」，在推動機器逐步走向情感化的同時讓自身走向「空心化」，以此來實現普遍的善，那麼屆時人們很可能將對人類的存在意義產生新的困惑。這一終極性問題，將是人類在推動人工智能發展時所必須深入思考的。

第十章

作為新物種的數據生命體

道可道，非常道；名可名，非常名。

——《老子》

凡是存在的事物，都要在某種循環裡再生，沒有甚麼東西是絕對新的；一切生來具有生命的東西都應該認為是親屬。

——畢達哥拉斯（古希臘哲學家）

提要　　大數據對未來時代的生活將帶來深刻的影響。長期以來，人們往往把數據當成工具，將數據看成是為理論和人服務的。然而，這種數據工具論的不足在於，數據的反抗可能會發生。生命是可以做到自主性運動的實體。從這一定義來說，數據也具有自主性的運動規律，因而數據也是另一種形式的生命體。因此，人們需要反思對待數據的態度。伴隨着數據逐漸獲得主體性，人們對待數據的態度應該逐漸從相互承認向相互尊重轉變，這一過程是人們不斷對自我進行反思的過程。與此相關的另一個重要發展趨勢是人與物之間的交叉，亦即「人的物化」或者人與物的結合。尊重數據的意義不僅僅在於尊重「數據的人化」，對數據的自主性予以充分的地位，還在於對人的數據化有充分的認識。

人類對待數據究竟應該採取甚麼樣的態度？人們通常的態度是將數據看成論證其觀點的工具，即數據工具論。這種觀點無論是在科學研究還是實際生活中都非常流行。數據工具論是人中心論的延伸。人將自身看成萬物的主宰，認為除人類之外的萬物都是為人類服務的，數據中心論只是這一觀點在數據領域的體現。但是，這一觀點在大數據時代將面臨挑戰。

大數據對時代和生活的改變

所謂數據就是有依據的數字編碼，它與人類的關係十分密切。早在古埃及，人們就知道用數據來計量財富和記錄日常生活。文藝復興之後，數據又被用於描述物理現象和自然規律。然而，在中外哲學史上，數據一般被看作刻畫事物關係的參數，很少被看作世界的本質，唯有古希臘哲學家畢達哥拉斯提出了「數是萬物的本原」的思想，將數據上升到本體論高度。但隨着大數據時代的來臨，數據從作為事物及其關係的表徵走向了主體地位，即數據被賦予了世界本體的意義，成為一個獨立的客觀數據世界。繼記錄日常生活、描述自然科學世界之後，數據被用於刻畫人類精神世界，這是數據觀的第三次革命。

大數據已經對時代特徵產生了深刻的影響。那麼，何為大數據時代？大數據的特徵又是甚麼？當前，已有的關於大數據的描述更多強調大數據的數據量之大和數據種類之多，以及這些特徵對人們生活的改變。然而，這些描述主要是從程度上或數值上來描述數據量的增多。實際上，大數據對人類生活的改變可能是根本性的。在大數據時代，人類將生活在數據之中，換言之，數據將成為構成世界的質料。這一判斷目前看起來似乎有些誇張，但以未來的觀點來看將是稀松平常。

為甚麼説未來的人生活在數據之中？目前，世界人口將近 70 億，而未來十年為人類服務的各種傳感器和數據採集設備的數量將達到幾百億，是世界人口數量的幾倍之多。這些設備的成本正在快速下降。例如，在幾年前，購買一枚可以採集溫度、濕度、大氣構成、人流量以及聲音等多維信息的多功能傳感器可能需要數萬元人民幣，但現在只需要百元左右。在這些傳感器為人類提供的大量數據的基礎上，人們可以通過人工智能與這些數據進行對話。

此外，一些新技術的進展也使得人們更多地生活在數據之中。虛擬現實和增強現實技術的發展就是重要的例證。虛擬現實和增強現實技術是通過各種媒介的數據建構來模擬現實中的場景，從而使得人們通過模擬的場景感受某種相似的生活體驗。換言之，人們在虛擬現實中獲得的不同的生活體驗都是建立在數據建模的基礎之上的。另一重要的案例是社交媒體，社交媒體構成了另一個數據世界。儘管在人與人交流的過程中，人的感情是真實的，但與此同時，人們也越來越對不同介質的數據流產生高度依賴。在一個低頭族成為普遍現象的時代，很難想像人們不採用通訊軟件等新媒體方式來進行交流，而這些新媒體都是建立在數據交換的基礎之上的。

大數據生活的典型特徵是任何人之間的交流由原先直接的、通過物質介質的交流變成通過數據的交流。人們在初次見面後加為好友，並在打招呼之後通過軟件的符號傳遞來交流情感。此外，在大數據時代，任何重要問題的解決都高度依賴算法，大型解決方案的出現都是算法的革命。「滴滴出行」或 Uber 的出現就是算法的革新，當顧客提出從一個地點到另一地點的出行要求時，滴滴的數據端通過大數據中心和雲端平台計算出最優行進路徑選擇。這種方式對人們生活的改變是根本性的。此外，電子商務的興起和發展也與大數據緊密結合在一起，電商平台所提供的服務也是建立在大數據計算和大規模優化的基礎之上的。

再者，未來的競爭也將主要建立在計算的基礎之上。無論是軍事領域的戰爭衝突，還是商業領域的競爭，算法優化和強大的計算能力都是決定勝敗的關鍵。因此，就某種意義上來講，人們的生活將高度依賴數據，數據也將成為未來一個國家和社會最重要的資產。數據將在資源優化和虛擬世界構成等方面發揮重要作用。換言之，數據的質量以及數據的處理能力將成為一國為其公民提供高質量社會生活和福利的關鍵。一個國家如果希望在未來的競爭中處於相對優勢的地位，就必須在數據的採集、分析和應用等方面進行系統的投入。

未來的國家治理將建立在數據的基礎之上，這可以被稱作「數據立國」。作為一項系統工程，未來的國家治理將變得更加複雜，任何一個小的子系統發生變化都可能引發整個系統的問題，產生蝴蝶效應或混沌效應。因此，未來的國家治理將體現出精準治理的特徵，即不能模糊地對系統提出部分解決方案，而要在對系統的全面數據進行完整解讀的基礎上給出解決方案。以現代醫學為例，傳統的醫

學治療是模糊治療，即我們通過吃藥等治療方法達到身體的逐步平衡。現在的醫療已經可以通過納米技術和激光技術做到精準的送藥以及進行微創手術，這些重要的進展都建立在大數據基礎之上。

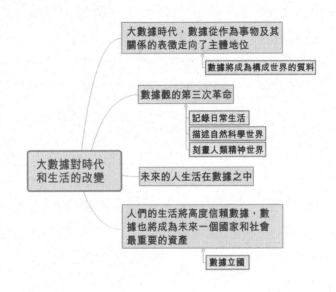

數據工具論：人類對數據的偏狹態度

長期以來，人們對數據的認識是不完整的。人們往往把數據當成工具，將數據看成是為理論和人服務的，這種看法反映出人類中心論的觀點。人類中心論在人類發展的各個時期都比較顯著，尤其在西方的文化傳統之中，「人是目的」似乎是一個黃金律條。古希臘智者普羅泰戈拉（Protagoras）提出：「人是萬物的尺度。」康德也通過闡釋人的理性，來證明人是目的。尼采的「上帝死了」體現了人本主義的再次復興。當代的人本主義與消費主義結合在一起，構築了一個以人為中心的消費世界。

然而，人類中心主義也產生了許多的問題。例如，人類不加節制的消費慾望刺激了經濟的不斷增長，但也導致了人類對世界資源的無休止的攫取。因此，環保主義的出現實際上是對人類中心主義的批判。與西方人類中心主義相比，中國傳統文化則強調「天人合一」，即人與自然的和諧相處。儒家主流的思想儘管強調

「天行健，君子以自強不息」這種剛勁有力的進取型價值觀，但同時也強調敬畏天命的傳統觀念。另外，在中國文化史上，道家和佛教也一直在調和儒家對進取性的強調。

人們這種以自我為中心的認識在消費社會變得越來越不受約束，最終導致地球資源無法滿足人類慾望。因此，人類要超越人類中心主義，才能實現可持續發展，否則人類將把自己帶入自我毀滅的境地。羅馬俱樂部 1972 年提出「增長的極限」的概念就是對人類的一種警示。他們認為，「如果世界人口、工業化、污染、糧食生產和資源消耗方面按照現在的趨勢繼續下去，這個星球上增長的極限將在今後一百年中發生。最可能的結果將是人口和工業生產力出現相當突然的和不可控制的衰退。」

貝克的「風險社會」則把這種憂慮用一種更為理論的方式表達出來。貝克認為：「風險是人類活動和疏忽的反映，是生產力高度發展的表現。這意味着危險的來源不再是無知而是知識；不再是因為對自然缺乏控制而是控制太完善了；不是那些脫離了人的把握的東西，而是工業時代建立起來的規範和體系。」在社會風險理論中，貝克明確指出，未來人類社會面臨的最大風險和不確定性將來自人類本身。

人類面臨的這些風險，其本質源於人類對待世界萬物的工具主義傾向，這可以稱為「萬物工具論」。這種人類中心主義認為，人類是有靈體中最聰明的，在世界萬物的構成中，動物和植物是有生命的，植物是相對低等的生物，動物是相對高等的動物，而人類則是最高級的動物。

人類中心主義建立在對自身是最高級的進化狀態的認識基礎之上。在這種理念下，世界上的萬物都成為人類的工具，人類可以隨意地獲取這些工具來為自身服務。人類進行價值和行為判斷的標準在於其是否有利於人類的部分群體或整個群體的福祉和發展。這種中心主義的長期流行實際上導致了人類的狂妄和傲慢，即認為人類可以無休止地、不受任何節制地從地球和世界獲取供人類揮霍的資源。萬物工具論建立在人類中心主義的基礎上，而數據中心論則是萬物工具論在新時代背景下的新發展。因為數據對人類的影響具有彌散性效應，人類將不得不生活在數據之中，並高度依賴於數據為人類生活帶來的便捷性和舒適性。因此，

沿着萬物工具論的邏輯，人們也把數據當成人類統治世界的一種工具。

然而，這種認識的危險就在於，數據的反抗可能會發生。人工智能原本是人與數據對話的一種方式，而後被演化為人通過數據來治理世界的一種方式。未來發展的一個可怕場景則是人工智能最終超過了人類，這時刻被許多未來學家稱之為奇點。AlphaGo 相繼戰勝人類圍棋高手李世石和柯潔，便展示了人工智能的強大之處，而這還只是人工智能的一個開端。20 世紀末，在「深藍」戰勝人類象棋高手時，人們已經產生了這種憂慮。但之後人類自我安慰地認為，國際象棋的規則和走法是相對簡單的，繼而認為圍棋是人類最後的屏障，在這個領域不會被機器戰勝。然而，人們只要窮盡所有的算法，並以程序的方式輸入電腦，即有可能讓人工智能在各種領域戰勝人類，因為機器在計算的複雜性和準確性上水平確實高於人類。事實上，「阿爾法狗」對人類棋手的完勝表明，採用複雜算法的機器能夠在很多人類想像不到的領域戰勝人類。

AlphaGo 對人類的勝利是數據的勝利，這一案例可以用黑格爾的「主奴辯證法」加以解釋。在黑格爾看來，主人佔有生產資料，而奴隸不佔有資料，這是主人與奴隸的區別。但是由於奴隸每天與生產資料在一起，並逐漸掌握生產資料，最終仍將成為主人。這一理論對數據與人類關係的啟示是，人類是數據和其他萬物的掌握者，人類藉助數據來管理世界萬物，但由於數據與萬物在一起，最終，數據，或者説人工智能和作為人工智能載體的機器將變成萬物的主人，而不再是人類是萬物的主人。對於這方面的跡象，人類已經隱約感受到。在電影《太空奇兵 · 威 E》（*WALL · E*）中，宇宙飛船的控制者就是要反抗人類的數據。人類如果不能正視數據自身的發展潛力和作用，就很難規避這種並不理想的可能性。

為甚麼數據是有生命的？

如何定義生命？生命是甚麼？如何揭開生命起源之謎？這是古今中外學者普遍關注的問題。這裡要特別提到的是萬物有靈論的觀點。英國文化人類學家愛德華 · 泰勒在 1871 年發表了人類學史上劃時代的著作《原始文化》（*Primitive Culture*），在書中對靈魂的觀念進行了詳細的研究，創立了至今學術界仍沿用的

術語——萬物有靈論。泰勒認為，人類漫長的發展歷程是從蒙昧狀態向文明狀態的演進，是從一個階段到另一個階段的運動。他認為萬物有靈論是人類處在最低階段部族的特點，是蒙昧人的哲學基礎。泰勒在《原始文化》中解釋萬物有靈時指出：「萬物有靈觀的理論可以分解為兩個主要的信條，他們構成一個完整學説的各部分。其中的第一條，包括着各個生物的靈魂，這靈魂在肉體死亡或消滅之後能夠繼續存在。另一條則包括着各個精靈本身，上升到威力強大的諸神行列。」從這種觀點出發，一切物質都是有生命的，都被不同程度地注入了精神。自然和精神的分離不過是人類社會發展的後期對生命的定義。

　　由此反思，生命可以從一種更為廣義的角度來進行界定。那麼，何為生命？從某種角度來說，生命就是可以做到自主性運動的實體，生命的跡象實際上是一種自主性運動，並且這種活動能夠產生其自身的主體性。從這種角度出發不難發現，數據恰恰也具有自主性的運動規律。

　　當人類把數據對事物治理的方式擬人化，就產生了人工智能。換言之，人工智能乃是人類的創造物和新的生命形式。當然，目前這種新的生命體還是比較低級的。以「阿爾法狗」為例，它可以做到很精確，但是沒有情感。在與李世石進行的五局對弈中，「阿爾法狗」唯一輸掉的一局是由於李世石出現的錯誤。機器將人類當成最優選擇，而沒有考慮到人會犯錯誤。李世石的反常舉動為這一局圍棋創造了機會。

　　這説明與人類相比，機器的不足在於其缺乏多重維度來思考世界，尤其是缺乏情感緯度。但是，這只是目前人工智能的水平。在未來，人們一定會致力於提高人工智能的多維度思考能力，或者説讓機器學會情感是人工智能未來發展的主要方向。只有讓機器具有情感，才能夠使其幫助人類處理更加複雜的事務。那麼問題便是，當機器主體具有超強能力和感情時，其何嘗不是生命呢？而且，這種生命所擁有的超能力將是令人恐懼的。

　　如果將數據看作生命體，那麼人類就要反思自己對待數據的態度了。通常，人們認為數據是要由人來控制或駕馭的。這種駕馭數據的觀點實際上是以人為中心的觀點，亦即把數據看作工具，而人出於某種目的對數據進行有機組合以論證其觀點的合理性。這種以人為中心的態度是小數據時代的典型特徵。

2016 年 3 月，阿爾法圍棋（AlphaGo）與圍棋世界冠軍、職業九段棋手李世石進行圍棋人機大戰，以 4:1 的總比分獲勝；2016 年末 2017 年初，該程序在中國棋類網站上以「大師」（Master）為註冊賬號與中日韓數十位圍棋高手進行快棋對決，連續 60 局無一敗績；2017 年 5 月，在中國烏鎮圍棋峰會上，它與排名世界第一的世界圍棋冠軍柯潔對戰，以 3:0 的總比分獲勝。圍棋界公認阿爾法圍棋的棋力已經超過人類職業圍棋頂尖水平。

　　小數據時代的數據量較小，人們往往不能掌握數據的全貌，因此對片段數據的截取往往是以人的先驗判斷為基礎的。但這也就引出了諾貝爾經濟學獎獲得者丹尼爾·卡內曼（Daniel Kahneman）所說的「認知偏差」，即「為了使我們迅速做出的決策對生物進化有益，我們反覆採用同一種心理捷徑，即『啟發』（heuristics）進行決策」。所以，人們會在已有觀念的基礎上利用數據論證其觀點，而不是從數據中發現知識。因此，數據變成不同觀念競爭的工具，已有的價值和觀念固化在頭腦之中，人們再利用數據爭奪數據的話語權。這是人們在小數據時代對數據的通常態度和做法。

　　但是在大數據時代，這種情形出現了重要變化，因為當數據量達到一定規模之後，一些變量之間的相關性變得越來越顯著。人們通過模擬相互之間的關聯性或進行全樣本和全數據的展示，可以將數據自身的規律展現出來。人們常說的讓數據說話（let data speak），實際上就是把數據看成生命體，尊重數據的主體性，讓數據把自身的規律呈現出來。人們對待數據的態度則是發現數據中的規律，而非通過駕馭數據為既定觀念服務。將數據看成生命體的意義實際上是強調數據的主體性，即數據不再是人類行為的客體，而是與人類並行的同樣活躍的主體。

　　之所以產生如此判斷，是因為未來與人類並行的數據終端會越來越多地通過自主性的方式運行。如果終端不是自主性運行，人們窮盡氣力也無法完全應對如此複雜的數據運算。人們為了工作的便捷，設計出人工智能以使這些終端能夠模擬人進行自主性運轉，而這些終端背後的運行是數據的運行，其自主性的活動建立在數據和算法的基礎之上。因此，人類不再是以自己為中心來組織數據，而是要理解終端中的數據。在這種情況下，傳統上駕馭數據的態度，就必然要向尊重數據的態度進行轉變。

從相互承認到相互尊重

當數據獲得了主體性，那麼未來人和數據之間的關係將變成主體間性的關係，人是主體，數據同樣是主體。那麼，如何理解這種新型的關係呢？我們可以從黑格爾和法蘭克福學派的理論中獲得啟示。黑格爾提出了主奴辯證法，而法蘭克福學派的第三代代表人物南茜·弗雷澤（Nancy Fraser）提出的觀點是相互承認，這實際上是黑格爾主奴辯證法的延伸。主奴辯證法的隱喻是奴隸通過在勞動中與生產資料的長期互動而獲得主人尊重，最終成為主人。其要義是奴隸身份的變化來自於主人對其身份的界定發生轉化。相互承認則是構成主體間性的第一步，就人與數據的關係而言，即是由人來承認數據的主體性和生命屬性。但值得注意的是，這種承認只是一種被動的結果，也就是説，承認是情形變化後原先作為主人一方的主體不得不做出的被動選擇。簡言之，「主人對奴隸的承認」是迫於形勢變化而做出的，很明顯，這種被迫的承認並不利於人們更好地處理人與數據之間的關係。

從中國傳統文化出發，我們可以尋求更為積極的處理這一問題的方式。在中國傳統的理想中，相互尊重是主體間性的重要內容。具體而言，主體與主體之間的最佳狀態是「君子之交淡如水」，或者「以文會友，以友輔仁」。其要義在於主體都是高度自覺並受到道德約束的。由此可以對照哈貝馬斯（Jürgen Habermas）提出的溝通理性的概念，亦即主體與主體之間相互對話和溝通所需要的基本理性。這種主體間性是保持雙方穩定聯繫的關鍵。中國民間一直強調的夫妻間「相敬如賓」的理想關係即是如此。因此，相互尊重乃是一種更為積極和要求更高的主體間性狀態。推想而知，人類對待數據也應該採取相互尊重的態度。也就是說，人仍然是宇宙萬物中最具能動性的主體，數據會給人類以更多的啟示，但人類的行為最終由人類自己決定。同時，人類也要尊重數據自身規律的呈現，而不應企圖為數據創造規律，或者規訓數據的變化。

從相互承認到相互尊重的過程，也是人們不斷對自我進行反思的過程。自我一直是哲學和心理學上的重要概念，而在人工智能時代，自我的內涵也會發生重要的變化。也就是説，一種量化的自我形態可能會出現。具體而言，在大數據的背景下，德爾斐神殿的神諭「認識你自己」已經不再能夠只是通過傳統的思考方

式（比如冥想）來實現，而要更多地依賴數據的力量。或者說，人們對自己的認識，會越來越多地依賴數字，這也是「數碼化生存」的要義。

由此，人們的選擇不再依賴於自己的感覺或者傳統經驗，而是越來越依賴於算法和數據。從人工智能和大數據的角度來看，人類的生物性活動也是由算法構成的，人類只不過是不同算法的組合。從這個角度來看，人類的選擇並不是完全自由地做出的，或者說並沒有絕對意義的人類的自由意志。實際上，人類的選擇是在基因和環境壓力下共同塑造的。同時，從人工智能和大數據的角度來看，每個人對自己的理解都可以通過外部算法得到更好的實現。或者說，外部算法會幫助你更加準確地認識你自己。這種邏輯實際上產生了一個新的問題或者說困境，那就是人類自主性的消失。如果人們完全依賴於算法，並且把算法看作永遠正確的東西，就會出現一種將算法視為某種新的意識形態的可能。

基因測序是一種新型基因檢測技術，能夠從血液或唾液中分析測定基因全序列，預測罹患各種疾病的可能性及個體的行為特徵。基因測序技術能鎖定個人病變基因，提前預防和治療。

178
.
179

事實上，這種情況已經在發生，這一點可以從美國演員安祖蓮娜·祖莉（Angelina Jolie）的例子中看到。祖莉在進行基因測試之後被證實帶有致癌變異基因 BRCA1，根據目前的統計調查結果，攜帶此類基因的女性患乳腺癌的概率高達87%。儘管在當時並未患癌，但由於母親和外祖母都在相對年輕時就因這種癌症過世，祖莉一直生活在乳腺癌的陰影之下。這段歷史使得祖莉決定通過雙乳乳腺切除手術來干預「天命」。她解釋說：「我把自己的故事講出來，是因為有很多女性並不知道自己可能活在癌症的陰影之下。」

乳腺切除術是一項困難甚至可能致命的選擇，這一選擇可能會導致術後的不適、副作用等個人健康的一系列長期問題。祖莉的這一選擇引起了社會轟動，也促進了人們對基因醫學及基因問題的潛在後果的了解。這一選擇還可以讓人們做出深刻思考的是，幫助祖莉做最後決定的其實是數據。數據幫助祖莉了解了自己的基因，以及基因所反映的生物含義。這樣的情況在未來可能會越來越多地出現。

人機結合：數據生命體的未來

　　有關數據的另外一個重要的技術是腦機接口。腦機接口技術的發展，不僅意味着人類將戰勝神經性疾病，更重要的意義在於，它將徹底改變人類本身。目前此項技術已經有了重大突破，如約翰・霍普金斯大學醫學院的外科醫生在一位年輕人的運動皮層（主要作用為控制上肢運動）內植入了 128 個電極傳感器，賦予了他控制一台仿生手上單個手指的能力。莫納什大學神經外科醫生傑弗里・羅森菲爾德（Jeffrey Rosenfeld）和他的同事為了讓盲人重獲光明，開發了與大腦直接連接的「仿生眼」，將來自眼鏡的光線直接導入已經植入大腦視覺皮層的傳感器。開發團隊稱，這種技術能讓 85% 的臨床盲人重獲光明。腦機接口的新進展尤其以埃隆・馬斯克成立的 Neuralink 團隊最為震撼人心。Neuralink 計劃開發腦內電腦，首先應用於處理棘手的大腦疾病，隨後將致力於幫助人類提高信息處理速度，避免被機器智能全面超越。「直接嵌入大腦皮層」——在人類大腦中加入一層人工智能，可以讓人類在另一種意義上「進化」成為一種新的生物。

　　因此，未來科技發展的一個重要趨勢是人和物之間的進一步交叉。從更為抽象的意義上來説，人是動物的一種，人與物的區別是人擁有較高的理性和智能，而物卻沒有。但是，未來的科技則可以通過人造物來模擬人的智能，以實現物的理性和智能。這種模擬首先是從對生物的模擬開始的，例如科技史上長期流行的仿生學。凱文・凱利在《失控》一書中所説的生物邏輯的勝利就是這個道理。很多科技的進步都是通過對生物進行模擬而實現的。當人們對動物的模擬逐步達到一定程度後，便會開始探索對人類自身的模擬，這既是人工智能的產生背景，也是人工智能的發展方向。

　　與歷史相比，目前的科學技術確實已經足夠發達，但其所實現的功能同特定生物相比，卻還遠遠不及。對於人與物的交叉趨勢，凱文・凱利將其表述為機械與生命體的重疊。人們可以在自己的生命體中添加越來越多的設備，如腦機接口、人體增強、可穿戴設備等。他認為，「機械與生命體之間的重疊在一年年增加。這種仿生學上的融合也體現在詞語上。『機械』與『生命』這兩個詞的含義在不斷延展，直到某一天，所有結構複雜的東西都被看作機器，而所有能夠自維持的機器都被看作有生命的。」

與此相關的另一趨勢則是機器越來越具備類人的智能。這在以前被認為是不可能的，但現代科技的發展已經讓其變得可能。比如凱文‧凱利提到的機械人學習走路的例子：一開始機械人的發明者試圖建立一個中樞系統來控制機械人的四肢，但是失敗了，而之後獲得的重要思維突破則是讓機械人的每條腿同時往前走，以達到互相平衡。這種現象類似於小孩學步，即在不斷試錯中進行學習。目前的人工智能水平是相對較低的，但就像小孩學習他人的表情和情感一樣，只要算法足夠優秀和完美，機器同樣能夠做到。凱文‧凱利將這些發展趨勢總結為兩點，一是人造物越來越像生命體，二是生命體越來越工程化。

參考這樣的邏輯，人類其實可分為兩類：原初人和增強人。所謂原初人即不附加科技的普通人，而增強人則是藉助科技力量使其部分身體功能獲得了增強的人。從歷史來看，增強人可以回溯到很久以前——近視眼鏡就增強了人的視力。而目前這種增強的程度和範圍都變得更大，例如心臟修復、人造器官等。不難看出，「增強」的初衷是為了彌補人體功能的缺陷，但也正是人的這種需求推動了增強技術的不斷進步。從未來發展來看，科技的進步將按照兩條線來推進。一條是賦予物以人類的行為特徵，即物的人化。另一條則是人在與物的競爭中似乎越來越處於劣勢，因此要將自身的屬性通過物來增強，這就表現為人與物之間的界限越來越模糊。例如，增強人活動機能的外骨骼與智能物可以是相互關聯的，或者，人類可以通過一些可穿戴設備來增強自身的技能。同時，這兩條發展路線也在互相交織，並與物聯網、互聯網、大數據、雲端運算等技術共同構成了未來人類智慧生活的基本要素。

討論至此，與此相關的很多問題其實仍舊沒有解決。其中的一個重要問題便是，未來的智慧生活是否會服務於人的原初想法？或者説，人類未來的走向究竟是人的物化還是物的人化？要回答這個問題，我們需要進一步思考人與物的關係。另外一個重要的問題則是，儘管科技在非常短的時間內發生了重大變化，但人的一些基本特質似乎並未改變，例如追求榮譽和財富，以及滿足之後的厭倦感等。因此，當新技術出現時，人們會有一種新奇感，但很快就會厭倦。正如《爆發》中所説的，人們越來越將科技的發展當作理所當然的事情，儘管按照摩爾定律，科技的進步在不斷加速，但人們的慾望也在不斷地加速，最終可能導致人類在科技急速進步中迷失。這種異化的可能性，促使人們反思自身，並審慎看待科

技發展對人類生活的複雜影響。

　　當然，人類似乎已經看到了未來科技進步所導致的危險場景，但人類已經停不下來。許多科學家已經感受到，未來的一個重要趨勢就是機械人和人工智能會超過人類，但衝向人工智能的勢能是如此之強大，以至於人類完全無法阻擋。換言之，很多人都知道盛宴和狂歡會產生相應的消極的結果，但人類都經受不住盛宴的誘惑，義無反顧地參與其中。但是，在這個發展的過程中，人類可以通過自身認識的轉變，來規避一些風險。而這種轉變的核心，在於人如何處理好自身的定位以及人與物的關係，尤其是在面對作為新物種的數據生命體的時候。

結語：數據的自主性與人的數據化

　　數據生命體這一概念的意義在於強調數據的自主性。與人們在小數據時代通常採取的數據工具論不同，數據生命體理論把數據看作具有自主性和自身規律的行為體。數據工具論是以人為中心的，而這種中心論在大數據時代不可避免地將受到挑戰，因為在人類之外將會產生一個與人類活動並行的、運用人工智能法則的，甚至比人類規模還要大出許多倍的生命體。因此，在大數據時代，如果人們仍然持有在小數據時代形成的駕馭數據的觀念，最終很可能受到數據的懲罰。換言之，人們會因為對數據的傲慢與偏見而不能正確地解讀出數據給人的重要啟示，從而對未來可能影響人類生活的重大趨勢和事件缺乏預見。相比於對待數據的被動態度，更為主動的態度是將數據看作人類的朋友，與其「相敬如賓」，相互尊重。尊重數據的自主性，才能避免被數據奴役的悲劇產生。

　　與此相關的另一個重要發展趨勢是人與物之間的交叉，亦即「人的物化」或者人與物的結合。尊重數據的意義不僅僅是尊重「數據的人化」，對數據的自主性予以充分的地位，同時對人的數據化也要有充分的認識。隨着人與數據關係的愈發密切，人體本身也會成為一種新的數據生命體。然而一旦如此，人類又必將面臨許多的問題，這些問題不僅關乎技術，更關乎人性，關乎人對人類本身的認知。因此，人類面對這些問題，必須高度重視並正確應對，只有這樣，才能不在科技與慾望的洪流中迷失自我。面對人類的造物，只有保持謙卑、理解和尊重，才能使其指引我們走向理想的未來。

第十一章

共產主義在人工智能時代實現的
可能性考辨

代替那存在着階級和階級對立的資產階級舊社會的，將是這樣一個聯合體，在
那裡，每個人的自由發展是一切人自由發展的條件。

——《共產黨宣言》

只要我們牢固樹立人類命運共同體意識，攜手努力、共同擔當，同舟共濟、共
渡難關，就一定能夠讓世界更美好、讓人民更幸福。

——習近平

提要

　　在網絡時代來臨之後，人類社會更加趨向馬克思所提出的共產主義的社會形態，網絡共產主義便是在這樣的背景下產生的一個分析概念。人工智能的本質是一次新的技術革命。在人工智能技術的推動下，人類所需要的物質財富將由少數工作的人和機器合力提供，全球小康社會的實現可以預期。同時，人類的財富需要在一個更加合理的全球治理機制下進行分配。梭羅在《瓦爾登湖》（*Walden*）中的實踐給了我們很好的啟發。生產交由少數的人和機器完成，這樣就給予了其餘的人大量可自由支配的閒暇時間。免於工作的束縛使人類能夠更加深徹地反思自身、關注自身，馬克思意義上的「自由的人」將更有可能實現。從這個意義上講，在人工智能時代，人類似乎更加接近共產主義。但同時，由於人工智能對整個社會變遷的影響極其複雜，因此還需要更為細緻和巧妙的方式來推動這一變遷。否則任何微小的變化都有可能被放大為社會分裂，並最終導致社會轉型的中斷。

　　人工智能的發展開闢了人類未來的多種可能，它是否會促使我們的社會更加接近共產主義？本章將對此進行討論。在人類歷史上，許多偉大的思想家都提出過他們認為的理想社會形態。這一思想傳統在西方是由柏拉圖開啟的，經由莫爾到空想社會主義者，再到馬克思這裡集為大成。馬克思對共產主義的描述實際上是人類社會未來最可能存在也是極為重要的一種形態。從物質極大豐富，私有財產逐漸廢棄的「粗陋的」共產主義，到最終揚棄私有財產和人的異化，並實現人的解放和自由的共產主義，馬克思對共產主義的論述是一個不斷進步和完善的過程。本章將就人工智能在這兩個方面進行推進的可能性做較為詳細的分析。

網絡共產主義的端倪

　　對未來理想社會形態的討論是思想家永恆的主題。柏拉圖較早地在西方思想史中開創了這一傳統：「當前我認為我們的首要任務乃是鑄造出一個幸福國家的模型來，但不是支離破碎地鑄造一個為了少數人幸福的國家，而是鑄造一個整體的幸福國家」。柏拉圖的理想政體的目的是實現正義，以及全體人民的幸福，「我們建立這個國家的目標並不是為了某一個階級的單獨突出的幸福，而是為了全體公民的最大幸福；因為，我們認為在一個這樣的城邦裡最有可能找到正義，而在一個建立的最糟的城邦裡最有可能找到不正義。」

聖西門　　　　　傅立葉　　　　　歐文

　　繼柏拉圖之後，西方另一個討論社會理想形態的思想家是亞里士多德，他在《政治學》（*Politics*）中探討的一個核心問題即「甚麼形式才是最好而又可能實現人們所設想的優良生活的體制」。亞里士多德在收集諸多城邦資料的基礎上進行了比較政治分析，其研究也更具現實性。他首先討論的是社會的公有制和私有制的

問題，他認為，柏拉圖借蘇格拉底之口所講的「理想國」，是一種公有制的國家，是「把子女歸公育，妻子歸公有，財產歸公管」。亞里士多德對柏拉圖的理想國是持批判態度的，「那些思想家所擬的以劃一求完整，實際上不合於城邦的本性，他們那種城邦所希望達到的最高成就實際上是城邦的消亡。」城邦的本性是自由人的集合，但絕對的公有制將消除自由。因此亞里士多德的理想整體上更加現實，他提倡的是一種混合的政體模式。

在近代繼承了這一思想傳統的學者是托馬斯·莫爾（St. Thomas More），莫爾在《烏托邦》（Utopia）中描述了一個從柏拉圖那裡受到啟發的理想世界。「烏托邦」是其幻想的一個隱秘於世外的島國，莫爾詳細闡述了「烏托邦」中的治理模式和人們的社會生活狀況。這個國家秩序井然，民眾都是「高度有文化和教養的人」，而且「幾乎其餘所有居民既不懶散，所忙碌從事的又非無益的工作」。城鄉之間的階級差別也消失了：「他們對於本城及附近地區消費糧食的數量雖然心中十分有數，卻生產超過自己需要的穀物及牲畜。他們將剩餘分給鄰境居民。當他們需用農村無從覓得的物品時，就派人到城市取得全部供應，無須任何實物交換，城市官員發出這些供應時是毫無議價麻煩的。」在這個烏托邦中，人們可以自給自足地實現生產，同時人的物質生活和道德生活都達到了一個較高的水平。

在莫爾之後，空想社會主義者對理想社會形態做了重要的描述。他們不僅描述了這些理想形態，還進行了相關的實踐。例如 1824 年，英國空想社會主義者羅伯特·歐文（Robert Owen）在美國印第安納州買下 1214 公頃土地，進行「新和諧移民區」實驗。當然，在當時的社會條件下，這一實踐最終失敗，歐文也因此破產。但是用列寧的話來說，這些都是「偉大的老空想家們提出來的」思想和實踐。同時，這些思想和社會實踐對於後人的啟迪意義較之當時的影響更大。

之後對這些理想社會形態進行概括的集大成者是馬克思。馬克思提出了共產主義社會的概念，並對其進行了深刻的闡釋。馬克思指出，在共產主義社會裡，社會生產力高度發達，物質財富極大豐富，階級差別被徹底消滅，社會成員得到自由而全面的發展。馬克思在《1844 年經濟學哲學手稿》中對共產主義的發展過程有較為詳細的論述，即從巴貝夫（Gracchus Babeuf）等人簡單廢除私有財產的「粗陋的」共產主義，最終達到「對私有財產即人的自我異化的積極揚棄」的共產主義。由此所實現的人的解放不僅僅是社會層面的，更是「通過人並且為了人而

對人的本質的真正佔有」。而這樣的共產主義也成功地彌合了人與自然之間的關係：「這種共產主義，作為完成了的自然主義，等於人道主義，而作為完成了的人道主義，等於自然主義，它是人和自然界之間、人和人之間的矛盾的真正解決，是存在和本質、對象化和自我確證、自由和必然、個體和類之間的鬥爭的真正解決。它是歷史之謎的解答，而且知道自己就是這種解答。」

共產主義的理想在巴黎公社中有過一些探索性的實踐，但因為當時的條件尚未成熟，這一實踐最終失敗。蘇聯在蘇維埃革命的初期也做了一些嘗試，但由於實踐上的困難和國際壓力的增大，列寧對當時的制度作了大幅調整。即使經歷了挫折，人類並沒有放棄對共產主義的探索。這種精神也反映在西方資本主義內部的變遷中——福利國家的出現實際上就是在用一種改良的方法實現共產主義的理想。二戰後安東尼‧克羅斯蘭（Anthony Crosland）就對英國的福利政策大加讚美，他說「福利國家」是英國工黨取得的重大成就，是早期的「社會主義」先驅們追求的天堂。福利國家不完全等同於共產主義，但在某種意義上已經向共產主義進了一步。福利國家會更加關注社會公平，給弱勢群體更多補助。當然，福利國家的實踐更多是在民主社會主義的理論旗幟下展開的。

在福利國家興起的同時，西方出現了與之並行的新的思想成果，即約翰‧羅爾斯的《正義論》。羅爾斯的《正義論》可以說是自由主義與社會主義調和的產物。儘管羅爾斯思想的主色調仍然是自由主義，但他在《正義論》中的核心觀點，即差別原則卻是主張從最不利者的角度來考慮問題，而這更加接近社會主義和共產主義的理念。這也是許多評論家把羅爾斯稱為自由左翼的原因，同時也是羅爾斯的思想在中國非常流行的重要原因。

思想及其實踐環境是在發生變化的，共產主義的理想在網絡時代來臨之後反映得更加明顯。網絡本身就是基於人們之間的聯結和交互形成的一種新的社會形態。互聯網的出現及其導致的技術變革進一步促進了一些共產主義理念的實現。例如，很多電腦軟件產品都體現了共享的特徵，它們被稱為開源軟件。在網絡技術發燒友或是被主流認定為「黑客」的群體的觀點看來，軟件都應該是開源的，發明軟件的目的就是幫助人類更好地工作，如果自己發明的軟件可以為他人做出貢獻，這就是無限的光榮，因此不應該把軟件以專利的方式保護起來，並從中牟利。因此，這些人開發了大量的開源軟件。開源軟件也越來越成為軟件序列中的

福利國家是國家通過創辦並資助社會公共事業，實行和完善一套社會福利政策和制度，對社會經濟生活進行干預，保證社會秩序和經濟生活正常運行的一種方法。

主導，全世界任何人都可以自由地改進這些技術從而快速提高人類應用知識的能力。

　　艾倫·斯沃茲（Aaron Swartz）的舉動似乎是網絡共產主義的先聲。2011 年，24 歲的斯沃茲侵入全球極負盛名，同時極其昂貴的期刊數據庫 JSTOR，將約 500 萬份學術論文和評論文章下載到自己的筆記本電腦上，並將這些文獻在社交新聞網站 Reddit 上進行全球分享。這些行為遭到了非法入侵網絡系統的指控，根據指控斯沃茲將受到最高 35 年監禁和 100 萬美元的罰款。2013 年 1 月，由於審判的壓力，加之常年抑鬱症的影響，斯沃茲在家中自縊身亡。但由於斯沃茲的努力，JSTOR 最後開放了部分文獻。這次事件對網絡共產主義也是一個重要的推動。英國《衛報》援引斯沃茲支持者的說法，將他比作「數字時代的羅賓漢」。斯沃茲去世之後，因對網絡共享的突出貢獻，他的名字被載入世界網絡名人堂。

　　世界著名科技類雜誌《連線》（Wired）的創始人凱文·凱利也強調，共享是網絡的基本規則。凱文·凱利指出：「在線公眾有着令人難以置信的共享意願。」例如，我們在前網絡時代會擁有一本書，但在網絡時代更流行的是閱讀電子書，如購買下載 Kindle 或者其他格式的電子書。在 Kindle 電子書的閱讀中，人們可以做很多標注，並以自己的方式將其保存下來，使用者對這本書的批注在上傳之後也可以被其他人獲得，並進行交流。從某種意義上說，共享將成為閱讀的中心。

　　基於網絡的共享原則，凱文·凱利又詳細闡釋了「網絡共產主義」（dot-communism）的概念，即「一個去中心化的、沒有貨幣的物物交易經濟體；在那裡沒有財產所有權的概念，政治體制由技術架構來決定」。這種網絡共產主義將產生廣泛的文化影響力，甚至超越政府。凱文·凱利認為：「傳統社會主義試圖通過

國家政權來實現這一目標，現在，數字共享則超脫了政府，在國際範圍內發揮作用。」在凱利看來，這種因共享導致的廣泛協作將產生一種新的平衡個人與集體的「網絡政治」：「與其將技術社會主義視為自由市場個人主義和中央集權這一對零和博弈的某種妥協，不如將技術共享視為一個新的、能同時提升個人和群體價值的政治操作系統。」

共享技術其未曾言明但又不言而喻的目標是同時最大化個體自主性和群體協同力量。技術將逐漸解決個體自由和集體協作的矛盾，並推動社會的去中心化，為社會的平等和諧奠定重要基礎。從這個角度來看，由網絡等科技所推動的社會進步，是朝着共產主義的方向前進的，網絡共產主義目前只是初露端倪，今後的發展依然不可限量。

全球小康社會的可能圖景

在建設社會主義的進程中，中國提出了全面建設小康社會的宏偉目標，並取得了舉世矚目的成就。隨着這一目標在中國的接近完成，一個全球小康社會的未來也成為可能圖景，中國的發展將為世界的發展提供新的經驗。例如，中國擁有全世界最多的人口，從許多發達國家的傳統觀點來看，中國人無法解決飢餓問題。但中國高效地解決了這一問題。按照中國政府的精準扶貧計劃，到 2020 年，在 2015 年統計的 7000 萬貧困人口都將順利脫貧，中國社會將進入全面小康社會。這是一項偉大的工程，因為對於如中國這樣具有龐大人口基數的國家而言，歷朝歷代的政府都面臨民眾溫飽問題的巨大壓力。在新中國的治理框架下，這一問題得到了有效解決，且中國人的生活水平得到了跨越性的進步。中國政府的這一努力，贏得了其他發展中國家的讚譽，而中國也有意將這類發展經驗向其他發展中國家交流和傳播，從中國的小康社會邁向全球小康社會。

從目前來看，中國發展經驗的傳播是通過金磚國家聯盟、20 國集團（G20）、「一帶一路」以及亞投行等機制來實現的。金磚國家包括巴西、印度、俄羅斯、埃及和中國，這五個國家經濟體量都較大，並同處於從發展中國家向發達國家躍進的重要進程之中。因此，如果這五大國家經濟發展和社會發展的問題都得到有效解決，全球小康社會的雛形就會形成。G20 包含了發達國家，也包含了包括金

磚國家在內的發展中國家，因此是一個更加廣泛的國家互動平台，有助於發達國家向發展中國家開放其資源、要素和市場等。同時，G20 也是一個全球治理轉型的重要平台。這裡轉型的含義是指，全球治理的控制權原先完全掌握在西方發達國家的手中，而 G20 則意味着發展中國家將與發達國家共同來制定全球治理的規則。因此，G20 是未來全球治理的重要機制，它不僅會促進全球資源分配的勻質化，也會促進不發達國家向發達國家的轉型。因此，這一機制也是全球小康社會的重要推動力。

2016 年 7 月 18 日，聯合國貿易和發展會議（貿發會議）第十四次會議在肯尼亞首都內羅畢發佈《發展與全球化：事實與數據》年度報告，認為近幾十年來，雖然人類在全球減貧方面取得了顯著成就，但全球仍有 8.36 億人生活在極端貧困中。

「一帶一路」最初是中國政府提出的一項開放性倡議，亞投行則是為了支持這一倡議而成立的重要融資平台。這一倡議在提出後，得到了許多國家的響應。由此，「一帶一路」也成為一個鼓勵資源共享和要素流動的新平台。「一帶一路」首先強調基礎設施的建設，技術、人才的交流，這些都能夠幫助不發達國家更加容易地獲取各種資源要素。同時，通過基礎設施的建設，不發達國家的經濟社會發展會更加向着發達國家的水平靠近。如果「一帶一路」倡議在未來得到有效實施，那麼沿線的 60 多個國家（其中很大比例是發展中國家和政局動盪的國家）的整體治理和社會狀況將會得到重大改善，全球小康社會的實現也就變得更加可期。

全球小康社會的基本要求，在於克服人類面臨的共同問題，實現相當程度的共同繁榮。戰爭、傳染病和飢餓一直是人類生存面臨的三大敵人，這是人口學家馬爾薩斯（Thomas Malthus）的經典觀點。馬爾薩斯認為，由於這三大因素的存在，人類的人口一直無法突破某一數量限制。不過人類目前似乎越來越接近這三個問題。

人類面臨世界大戰的風險似乎越來越低，這其中的原因可能包括核武器的威

懾，也可能有每個國家都難以負擔戰爭的成本等綜合因素。

傳染病曾經是人類最大的殺手，歷史上一場黑死病曾經殺死近三分之一的歐洲人口。

目前儘管人們仍面臨傳染病的壓力，但這種壓力正在降低。例如 2016 年，我國大陸地區共報告法定傳染病發病 6944240 例，死亡 18237 人，報告發病率為 0.0050659%，報告死亡率僅為 0.0000133%。飢餓對人類的壓力也變得越來越小。儘管在非洲的一些地區由於戰爭等各種因素，飢餓仍然是約束當地人口增長的一個重要原因，但這一問題正逐漸減緩。在西方以及一些新興的發展中國家，則反而大量出現了與富裕相關的疾病，如肥胖症、糖尿病等。美國經濟學家加爾布雷思（John Galbraith）在 20 世紀五六十年代便認為，美國已經逐漸步入了「富裕社會」，國民生產總值處於上升的趨勢，汽車等個人消費品也在擴張生產。應該說，在未來完全消除飢餓，讓全世界人民都過上一個溫飽的生活是可以預期的，而且在全球治理的框架下也是可以實現的。

如前所述，科技推動的社會進步，往往會為理想目標的實現提供可能的環境。隨着人工智能時代的到來，全球小康社會的實現也獲得了新的助力。人工智能的本質是新一輪的技術革命，歷史上的幾次技術革命都增強了人類獲取資源的能力，使得人們的生活越來越現代化。先進的技術對於全球的繁榮，尤其是對疾病、暴力和糧食問題的解決有決定性的意義，這三大問題的解決過程無一不顯露出技術的力量。加拿大人工智能專家彼得·諾瓦克（Peter Nowak）指出：「世界將在一段時間內走向更大的繁榮，特別是經過了上兩個世紀的加速發展之後，不僅是計算將無處不在，相對的富裕也會無處不在、唾手可得。」世界的相對富裕，或者說，全球的小康社會將更多是智能時代的產物。

智能時代帶給世界的，不僅僅是物質的富足，更重要的還有社會人文環境的改善。技術是無國界、無階級、無等級的，因此技術的進步和共享將極大地促進全球範圍內的平等。此外，人工智能還能夠以其強大的計算能力對社會治安等問題進行規範和改善，從而促進社會的公平正義。麻省理工學院教授埃里克·布萊恩約弗森認為，隨着人工智能技術的進步，「我們已經看到的不僅僅是財富的巨額增長，還有整體上更多的自由、更多的社會正義、更少的暴力犯罪，以及更少的困境、更多的機會」。這樣的發展是可以預期的，而這實際上也會進一步推

動實現全球小康社會的可能圖景。面對智能時代對人類的巨大塑造作用，諾瓦克最後也不得不承認「馬克思是對的」，而共產主義作為人類終極辯證假設終將實現。

瓦爾登湖式的生活與相互合作

如前所述，未來的全球治理需要在資源共享的觀念下展開，因此也要推動共享平台的建設和拓展。這就需要發達國家更多地向發展中國家開放其充裕的技術、資本等要素。發展中國家則要通過自身人口素質的提高、基礎設施的完善以及整體性的經濟和社會的發展來提升其綜合國力。假如這一前景可以實現的話，未來的全球社會將朝着更加均等的方向發展。而在邁向這一前景的過程中，我們也需要思考，未來全球治理的內容和治理對象將呈現一種怎樣的狀態？

未來的一種理想狀態是，人工智能儘管會讓一部分人失業，卻能幫助人類完成絕大多數的工作。與此同時，由於人類藉助人工智能所創造出的財富足夠全世界所有人使用，因此絕大多數的人實際上被解放出來，可以做他們更想做的事情。在這個基礎上，他們就會成為馬克思理論意義上的自由的人，而這也就是共產主義社會的微觀基礎。這裡首當其衝的問題就是，人工智能和少數工作的人創造出的財富是否夠全世界的人來消費？這個問題是思考人工智能與共產主義社會關係的關鍵所在。那麼，究竟需要多少社會財富才足以支撐一個人的生活呢？這一點可以從《瓦爾登湖》的經典案例中得到參考。

現代資本主義社會實際上讓人們的生活陷入一個怪圈：人不斷生產不斷創造財富，同時慾望也在不斷增長。在人的慾望面前，社會財富永遠是不夠用的。一個人在擁有了一棟房子之後，可能還期待在另一個地方有其他的房子；一個人在擁有了一部可以上班時乘坐的汽車之外，可能還希望在閒暇時有一輛敞篷跑車供消遣。人們的這種不斷上升的慾望水平似乎沒有一個盡頭。

《瓦爾登湖》的作者梭羅卻嘗試用另一種方式來解決這樣的問題，即回歸自然。他認為，我們生活中絕大多數所謂的「生活必需品」都是社會的慣性使然，真正的生活必需品只有一種，即食物。「所謂生活必需品，在我的意思中，是指一切人用了自己的精力收穫得來的那種物品：或是它開始就顯得很重要，或是由於

長久的習慣，因此對於人生具有了這樣的重要性，即使有人嘗試着不要它，其人數也是很少的，他們或者是由於野蠻，或是出於窮困，或者只是為了一種哲學的緣故，才這麼做的……對於許多人，具有這樣的意義的生活必需品只有一種，即食物。」而要獲得這些必需品，「只要有少數工具就足夠生活了，一把刀，一柄斧頭，一把鑷子，一輛手推車，如此而已……大部分的奢侈品，大部分的所謂生活的舒適，非但沒有必要，而且對人類進步大有妨礙。所以關於奢侈與舒適，最明智的人生活得甚至比窮人更加簡單和樸素」。他甚至在瓦爾登湖自己造了一座房子，並精確計算了所有的消耗。

　　按照梭羅一年中的消耗來計算的話，人類創造出足夠給全世界所有的人享用的財富應該是非常簡單的事情。但為甚麼世界上還有那麼多在飢餓邊緣掙扎的人？其根本原因在於全球層面上以及某些國家的治理機制不夠有效和健全。因此，人類在未來不僅要增大生產物質財富的能力，還要找到更加有效地分配社會財富的機制。這樣才能既給予每一個人足夠的生活條件，又保證這個社會不會為每一個人的全面小康而枯竭或者崩潰。

　　應該說，伴隨着人類科技的進步以及人工智能的進一步發展，由少數工作的人、人工智能和機械人的協作來養活全世界所有的人，這樣一種狀況是可以預期的。當然，這一預期要建立在以下幾個條件上。第一，生產能力進一步提高，即以人工智能機械人和少數人為工作核心的生產部門的總生產能力要進一步提高。第二，全球性的分配機制變得更加合理，這需要促進那些不發達國家的國民能力的綜合建設，這樣才能使得人工智能乃至網絡技術更好地觸及這些國家。第三，完善那些不穩定國家的國家治理機制和社會治理機制。人類的許多資源是在相互的猜忌和鬥爭中被消耗掉的。

　　世界銀行就發現，對許多不發達國家的援助被這些國家的軍事獨裁者挪用，乃至藉以發動了另外一次戰爭，這就是資源使用低效的一種表現。這些由發達國家轉移支付過來的財富和資源，如果通過不發達國家良好的國家治理和社會治理機制，能夠用以提高民眾的教育水平和醫療水平，或者說幫助政府搭建一系列有效的公共服務平台，長遠來看這個國家的良好治理就能有效地實現。

　　綜上而言，從上述三個條件出發，實現良好的國家治理和全球治理機制，真正實現人類社會的相互合作與共同繁榮，乃是未來發展的基本方向。

可支配時間的增加與心靈的安頓

　　如果養活所有人的財富可以由人工智能機械人以及少數工作的人來實現，那麼對於絕大多數的人而言，儘管丟掉了工作崗位，他們卻獲得了更重要的東西，那就是自由。用馬克思的觀點來說，所謂人的自由，在很大程度上是人的可支配的閒暇時間的增加。

　　如前所述，馬克思在創立馬克思主義政治經濟學的過程中，對閒暇時間進行了研究。馬克思認為，閒暇時間是指人們從事直接生產活動以外用於休息、娛樂和發展個人才能的時間。在人類社會發展的歷史長河中，人們進行生產活動，主要的和直接的目的是獲得滿足自己所需的物質產品與勞務。當社會經濟發展到一定階段，生產力達到一定水平時，人們沒有必要把全部時間用於生產生活必需品，他們在維持生存所必需的勞動時間以外還有空閒時間可以支配，這樣就產生了閒暇時間。

　　關於閒暇的古典思想可以追溯到亞里士多德。亞里士多德認為閒暇代表着「可支配的時間」以及「不受約束」。根據亞里士多德的說法，最高的善包含着閒暇，不受拘束的狀態使人們有時間沉思，從而帶來真正的快樂——然而在當時，僅有少數精英分子能夠享受這種快樂，因為他們不需要為生計操勞。在古典時期，這些擁有閒暇的人便成為一個階級，凡勃侖稱之為「有閒階級」。隨着技術的進步，這樣的「有閒階級」的範圍將可能擴大至整個人類。

　　著名經濟學家凱恩斯曾在 1930 年預言，到 2030 年人們的平均工作時間將縮短至每週 15 個小時，這將為人們帶來大量的閒暇時間。他在一篇名為「我們後代的經濟前景」（*Economic Possibilities for our Grandchildren*）的文章中講道：「人類首次遇到這樣一個真實而永久的問題——如何更好地利用科學發展和資本福利所帶來的免於經濟壓力的自由和閒暇時間，以過上一種明智、合意且完善的生活。」

　　然而，閒暇時間的增加對於國家治理而言，也會帶來一些問題。社會學和政治學的許多研究都指出，當一些人擁有過多的閒暇時間，他們會更容易走到極端的一面，引發社會問題。當前社會學討論這些問題時面臨的情境還只是數量較小的群體，而在未來，假如這類有閒階級的數量超過總人口的半數，這個問題該如何解決？按照吳軍的判斷，未來智能機器將全面取代人類工作，真正能夠工作的

或許只有 2% 的人。

於是另外一個問題隨之出現，那就是有閒階級的心靈安頓問題。對於一些本身文化需求較高的人而言，閒暇時間的增加恰恰有助於實現這些願望。這種狀態是令人嚮往的，可以說莊子的「逍遙遊」就是對此的一種願景式描述。然而大多數人可能並不對文化藝術有很強的興趣，那麼這類群體的心靈安頓，或許就要通過一些傳統的方式來解決，甚至由宗教在其中發揮重要作用。

這個問題對於未來人工智能的發展至關重要，因為如果技術的發展超出了社會的承載能力，不僅會導致社會的混亂，甚至也將打斷技術發展的進程。一般而言，如果人們心靈安頓的問題解決不好，政府往往會對相應的產業發展和失業問題進行干預。為甚麼一些低效率的生產方式仍然在社會中存在？其背後其實有更多的考慮。例如，即便是在上海這樣的現代化大都市，仍然有大量的公交車採用人工售票的方式。這樣的情況不完全是出於利益成本的考慮，而更多是出於社會穩定的考慮。因此，如果由技術迭代引發的失業問題不能有效解決，就很有可能導致社會系統的紊亂，乃至整個社會進程的中斷。

在未來，人工智能的發展不可避免地會增加人類的閒暇時間，個體精神擺脫生產的束縛而獲得解放將成為一種普遍現象。儘管在這一發展過程中會有一系列社會問題產生，我們仍可以對未來人們的理想生活狀態做出一定的預期。具體而言，在未來，隨着閒暇時間的增加，人類精神生活的重要性會越來越突出，並逐漸成為個體的自覺選擇。精神世界的極大豐富和繁榮也將促使人在精神上的可選擇內容的增加，進而減少人們之間的衝突，增進相互理解。由此，人們日益關注自己的心靈，與之相伴隨的，則是對外在利益衝突的摒棄。在這種情況下，不僅「文明的衝突」可能會逐漸淡化甚至消失，統治階級的顯著地位也將以一種非暴力的形式逐漸消解。從人的解放的角度而言，這樣一種社會政治的變化可以稱作「平靜的解放」。

共產主義與自由人的聯合體

從某種意義上講，科學對人的自我認知的影響，從神經認知科學打破靈魂的觀念開始，將會隨着人機結合對肉體的重新定義而結束。17 世紀中葉，牛津大

學教授托馬斯‧威利斯（Thomas Willis）宣稱：人的大腦不同於動物的大腦主要在於皮質的量上，而人類比動物多出的大腦皮質即是靈魂的居所。通過人類認知科學的變革，人對自我意識的發現導致了人的主體性的回歸。在此之後，顱相學的進一步發展，更使人擺脫了「上帝」的束縛，發現了自我意識的能動性，從而確立了人的主體地位。因此傅柯說：「在 18 世紀末以前，人並不存在……關於人本身的認識論意識。」而在此之後，這樣的觀念越來越得到深化和認可。如尼采（Friedrich Nietzsche）在高呼「上帝死了」之前說道：「我整個是肉體，此處無他。」羅素（Bertrand Russell）也對人的意識進行了生物學角度的科學敘說，認為「習慣的形成可以被認為類似河流的形成……人格實質上是一種有機物」，並以此為基礎來展開其哲學體系的論述。甚至於 20 世紀末的諾貝爾醫學獎獲得者馬克斯‧德爾布呂克（Max Delbrück）在《心智來自於物質》一書中，也引用 19 世紀中葉存在主義哲學先驅克爾凱郭爾（Soren Kierkegaard）的一段話作為前言。而行為主義心理學和學習理論等，更是影響了持結構主義和解構主義等觀點的一大批哲學家對人本身的理解。這一進程表明，科學逐步摧毀了人的舊有的靈魂意識，與之伴隨的則是當代人的自我主體的建立。

　　而這種自我主體的建立，將在新的科技革命——人工智能的影響下展現新的變化。傅柯在《自我技術》（*Technologies of the Self*）中認為，自我關懷就是我們對自我身份的建構。這種建構有兩種方法，一是將一些人排斥在標識我們的範疇之外，即對「瘋癲」的排斥；二是對所處時代最強有力道德系統的佔有。但是，這兩種方式都是有問題的，真正的道德人格應當是那些學習如何理解自己的人。而人工智能時代的來臨，可能會更加鼓勵我們選擇區別於此兩者的第三種方式，即對自我的創造。也就是說，不僅要「重估一切價值」，更要重估一切賴以重估的存在本身。人不僅要突破「話語關係」的束縛，還要突破肉體生命的束縛，從而徹底地掌握自己。

　　這種進展也符合共產主義的基本設想，因為共產主義不僅僅是物質和社會環境的進步，最終的共產主義真正要實現的是人的自由和解放。馬克思認為，「任何一種解放都是把人的世界和人的關係還給人自己」。因此，人的解放的基礎，在於對人的本性的探尋。馬克思所反對的階級統治，實際上是反對國家資本主義制度之下，工業對黑格爾所謂的「人的本性」的掌控，也就是馬克思所說的「人的異

化」。在很大程度上，階級統治也是傅柯所反對的「生物權力」。傅柯指出，在保障安定的秩序之下，人們「不是自然狀態，而是一部機器中精心附設的齒輪，不是原始的社會契約，而是不斷的強制，不是基本的權利，而是不斷改進的訓練方式，不是普遍意志，而是自動的馴順」。也就是說，權力對人的生命進行調控，使得肉體本身成為權力規訓的靶子。

那麼，如何突破這種規訓而獲得自由和解放呢？馬克思指出，這需要從人的生產關係和勞動關係中去尋求根本的解決路徑。馬克思所講的勞動的解放，實際上就是勞動關係的解放，以及勞動關係之下的社會束縛的解放。在馬克思看來，無產階級是推動這種解放的主體力量，同時也是重構世界秩序的主體力量。他指出：「如果無產階級宣佈迄今的世界秩序的解體，那麼它只是講出了它自己的存在的秘密，因為它的存在就是這個世界秩序的實際上的解體」。馬克思由此指出了共產主義的光明前景，而在這一前景中，超越階級的人的存在也具有了主體性和整體性。因此，馬克思關於解放的思想有力地促進了人類的自我認知超越個體性的局限和階級性的窠臼。

但在傅柯看來，馬克思不過是以「異化勞動、辯證唯物主義、階級鬥爭」等術語對世界進行了一種「簡化神話」的自治重組，而並沒有看到本質所在——政治的解放並非權力關係的解放。即使我們進駐公社之中，我們仍在話語權力的束縛之下而難以自脫，權力無處不在。這種話語權力的真正解放會導致知識序列的崩潰，同時也會導致人被徹底抹去。傅柯講到，人的形象的顯露並非存在於客觀性之中，而是「知識之基本排列發生變化的結果」，一旦這種知識序列消失，那麼「人將被抹去，如同大海邊沙地上的一張臉」。在傅柯看來，主體理論是人文主義的核心，因此馬克思不能夠擺脫，他在主體理論之下退而求其次，選擇了對政治束縛的解放，而非真正的對權力束縛的解放。然而，傅柯在以自己的視角建立主體的同時，又摧毀了主體。他指出，靈魂不過是人們的建構，慾望也是如此，當人們開始摒棄這些東西的時候，人們就開始了創造，由此就開始接近解放，接近自由。傅柯的這種頗具現代性和解構性的觀點，實際上也為人類的自我認識提供了進一步的視角和思路。

傅柯強調「摒棄」，因為當人在知識層面的意義被抹去的時候，人就開始了認知自己的旅途。這樣的觀點也被近現代哲學家所推崇。例如，克爾凱郭爾就認

為，人應當擺脫外在的一切束縛，才能獲得自由，即「無限捨棄」。「亞伯拉罕的無限棄絕，意味着倫理有限性的終結，放棄外在的有限性，才能獲得自身的直接性。」這也是海德格爾所標榜的「向死而生」。死亡是絕對的虛無，向死而生即是要突出死亡的核心地位，即「先行到死亡中去」，面對無限的虛無才能真正把握存在，獲得本真的自由，「就是先行到這樣一種存在者的存在中去：這種存在者的存在方式就是先行本身」。馬爾庫塞（Herbert Marcuse）在對資本主義社會對人的種種潛在的束縛進行批判之後，認為社會應採取「總體性革命」的方式，來達到人的自由，「革命就是文化和物質的需要和追求的劇烈改變；意識和感性的、勞動過程和業餘時間的需要和追求的劇烈改變」。只有這樣，人們才能看到社會構造的自我背後隱藏的真正自我，才能夠開始重塑自我的旅程。

思想家們對人的概念和人的自我主體性的思考，實際上為人類未來的發展與生存狀況提供了基本的思路，同時也在很大程度上指明了共產主義社會中的自由人的基本狀態。按照馬克思的說法，共產主義社會將是一種自由人的聯合體。因此，實現共產主義社會的一個基本前提，就是人類能夠在相當程度的生產力基礎上真正成為自由人。如前所述，人工智能時代的社會生產很可能讓大多數人從繁重的工作中解脫出來，獲得大量的閒暇時間，這在很大程度上為自由人的實現提供了物質基礎。更為重要的則是人對於自我主體性的認識和反思，也會隨着人工智能的發展而獲得新的進展。尤其是在人機結合的預期之下，人類的生存狀態將發生相當重大的改變，從而也會影響人對於自身的認識以及社會秩序的基本條件。但無論如何，這種發展前景基本上是符合馬克思等人自由解放思想的要義的。只有當人類在勞動關係和社會關係上獲得了真正的解放，才能成為馬克思意義上的自由人，從而也才能為共產主義的實現奠定人的基礎。在這一進程之中，人工智能無疑會發揮重要的作用。

人工智能帶來的這種自由解放思想的復興將有可能重新激活中國優秀傳統文化的活力。對於心靈的回歸與自由，中國先秦思想家多有論述。莊子是中國尤其強調心靈自由的思想家，其思想更與前述許多西方哲學家有契合之處。莊子的先驅是楊朱，而楊朱的思想主要體現在其「拔一毛而利天下，不為也」。這類似於柏林的「消極自由」的觀點，即「主體（一個人或人的群體）被允許或必須被允許不受別人干涉地做他有能力做的事，成為他願意成為的人的那個領域」。楊朱認

為，人應該有拒斥社會控制的權利，如果社會或者國家以為天下做貢獻的名義，而要求你拔一毛，那麼之後就會以這個名義要求你拔更多，甚至於要求你犧牲生命。而基於重生的道理，楊朱不願如此。

莊子則更進一步，「名者，實之賓也」。在莊子看來，那些苟利天下國家的話語，不過是權力對人的壓迫的手段而已。若人沉溺於社會的各種話語和關係中而不自知，就是「終身役役而不見其成功，苶然疲役而不知其所歸」，好比「遊於羿之彀中」。「異化」而不自知，終身難以解脫。而為了擺脫這種人生的「異化」，我們就必須回到自我的本真，個體的實現是一種「越來越脫離社會而存在的過程」，進而回到「不思想的思想」，擺脫範疇的束縛，擺脫知識序列的束縛。而達到這種「物物而不物於物」的自我境界，需要通過「攖寧、心齋、坐忘」等三種方法。這三種方法都強調心靈活動的至純，唯有心靈的至純，才能使人達到對現世的捨棄，進而達到捨棄之後的創建和精神世界的擴張。自我所能達致的最高境界，便是與天地自然的和諧統一，即「天地與我並生，而萬物與我唯一」，或言之「獨與天地精神往來，而不敖倪於萬物」。這樣的「天人合一」的人，才是真正自由的人，是解放了的人。

結語：自由人的全面發展

共產主義是人類思想史上一個里程碑式的未來社會的理想形態。這一形態在人類歷史上有過一些實踐，然而這些實踐似乎都不太成功。網絡社會和人工智能時代為共產主義的來臨奠定了重要的基礎。在互聯網空間中已經出現了許多被稱之為網絡共產主義的行為方式。同時，伴隨着科技的進步，以及經濟社會的整體發展，許多國家都已經完成或者非常接近小康社會。因此，在未來的一定時間內，全球小康社會也是可以預期的。當然，這要得益於金磚國家、G20、「一帶一路」與亞投行等重要機制的發展，促進那些充裕的資源要素從發達國家流向發展中國家，從而幫助發展中國家跨過小康社會的門檻。

隨着科技的發展，人類個體對未來生活的追求、物品的慾望也會受到一定程度的節制。未來的技術發展可能會增加物品的共享性，從而降低人類生存的成本。例如，人工智能時代的智能出租車可能使得人們不必再擁有汽車，而是在某

一個時間段內，或者某一段路程內使用人工智能共享汽車的服務。這就為人們節省了維護汽車所耗費的資源和時間。梭羅在《瓦爾登湖》的思考和實踐也可以幫我們理解現代生活的意義。

　　同時，把生產部門的工作交由少數人和人工智能來做，可以增加絕大多數人的可支配時間。這也就使得馬克思意義上的自由的人的實現更加可能。人只有在自由的狀態下才能真正去追求他所喜歡的東西。馬克思講的全面自由發展的人就是這樣一種狀態，這也是共產主義所希望達到的狀態。當然，這一狀態並不一定能成為所有人追求的目標。對於社會中較大比例的人而言，可支配時間的增加可能會令其感到無所事事，反而會增加社會的不穩定因素。此時或許就需要文學藝術、傳統文化的復興，乃至宗教來安頓心靈。人工智能時代的變遷對社會的影響將是非常深刻的，同時又非常微妙。任何一個先前的平衡狀態被打破之後，如果不能形成新的平衡，整個社會的進程就可能因此而中斷，從而影響人工智能的整體演進。

結語

馴服賽維坦：
把握人工智能的發展方向

古者包犧氏之王天下也，仰則觀象於天，俯則觀法於地。

——《周易》

如果有別的甚麼能使人們的和諧一致穩定和永恆，那就是共同的權力，共同的
權力使人們敬畏，指示人們為共同的利益而行動。

—— 托馬斯・霍布斯（英國政治家、哲學家）

在現代生活中，人工智能對於人類的意義愈發重要。與此同時，如果處理不好人工智能與人類社會的關係，它將超出人們的掌控，成為橫衝直撞的猛獸。因此，本書的最後提出「賽維坦」這一概念來描述科學對人類生活的重大影響，以及人工智能超越人類掌控後可能造成的強大負面效應。同時，本章還提出了人工智能未來發展的四個趨勢，並對「智能＋」應作為一種新的認識論和方法論進行了闡釋。

從利維坦到賽維坦

1651 年，英國思想家托馬斯·霍布斯（Thomas Hobbes）出版了《利維坦》（*Leviathan*）一書。在書中，霍布斯引用《聖經·舊約》中巨獸的形象來描述在未來將十分強勢的「國家」這一概念，藉此論證君權至上，反對「君權神授」。霍布斯對待利維坦的態度是積極的，他希望君主可以讓主權國家擁有極大的權力，以對抗歐洲最為強大的教會權力。霍布斯更新了人們對「主權者」這一概念的理解。在霍布斯之前，西方人思維中的主權者是上帝，上帝是唯一的主權者。在《利維坦》中，霍布斯將君主定義為「世俗之城」的主權者。霍布斯的利維坦學說為日後的歐洲絕對主義王權的興起以及主權國家的出現奠定了思想基礎。在此之後，具有強大權力的國家成為近代以來人類生活中非常重要的主體。

科學在現代生活中似乎也在扮演着類似的角色。在西方啟蒙運動中，科學最初是抵抗教會權力的工具。儘管伽利略等科學家對教會的權力無比崇敬，但由於其推崇的科學規則在教會看來挑戰了神的領域，他們最終仍遭受了教會的迫害。在經過了四次技術革命的現代社會，科學的力量變得越來越強大，現代科學的發展正在全面入侵「上帝」的領域。基因組學的發展正在破譯生命的密碼（生命，Life）；人工智能技術正在創造一種能夠顛覆智人統治的新物種（智能，Intelligence）；新材料的進展則表明了人類改變物質屬性的野心（材料，Material）；此外，人類力圖擺脫重力對自身的限制，脫離地球的地域局限而進入更為廣袤的宇宙之中（物理，Physics）；能源技術的發展則顯示了人們在為人造物提供不竭動力的可能（能源，Energy）；虛擬現實、增強現實、混合現實等技術則試圖將現實世界和虛擬世界完全混合（現實，Reality）。這六大領域的進展將是

未來科學改變世界的六大重要領域，筆者取每一領域英文名的首字母將其概括為「LIMPER」（柔軟）。

科學對人類的影響越來越大，並且這一發展速度似乎超出了人類自身的預期。赫拉利認為，人類正在取得神一般的創造及毀滅能力，越來越接近扮演上帝、神人的角色。科學已經從原本溫文爾雅、帶領人民走出黑暗時代的「賽先生」，變成了帶領人們急速駛入未來世界、力量極其龐大卻又找不到方向的巨型怪獸——賽維坦。如果我們希望未來的人類生活可以更加美好，就需要馴服賽維坦這一怪獸，而不是任其恣意發展。

「賽先生」和「德先生」是對科學和民主的形象的稱呼，也是中國新文化運動期間的兩面旗幟。其中：「賽先生」即「Science」，賽因斯（音譯）—— 也就是「科學」，指的是近代自然科學法則和科學精神。

202
·
203

「LIMPER」的概念借用了中國道家的思想——上善若水，柔弱勝剛強。在道家看來，水為至善至柔之物。「上善若水，水善利萬物而不爭，處眾人之所惡，故幾於道。」科技的發展聚集了太多的陽剛之氣，也充斥着暴戾之氣。此時就需要提出一種相對柔性的東西來調和這些過於陽剛的東西。陰陽調和，這也是馴服賽維坦的核心含義之一。

跨眾合善：未來人工智能的發展方向

未來人工智能的進一步發展需要在如下幾個方面展開。

第一，跨智，即跨媒體、跨界別的智能。目前的人工智能被稱為弱人工智能或窄人工智能，只能在某一領域發揮智能的作用。例如，部分人工智能能夠很好地處理圖像、聲音、文字的信息，但在未來人工智能的應用將需要把這幾類信息整合在一起使用，正如人類在分析外界信號時，聽覺、視覺、嗅覺等不同感覺是

同時進行感知。未來的人工智能將體現通用人工智能的功能，圖片、視頻、文字可以實現跨媒體和跨領域的信息處理和分析。這也是其未來發展的一個重要技術特徵。

第二，眾智，即用集體的智慧來實現問題的求解。因為單個個體的力量是有限的，多數重大成果都是運用集體的力量而形成的。《科學》雜誌在 2016 年提出了「群智」的理念，認為群智的實現可以分為幾種類型。第一種是任務分解，即將幾種複雜的任務分解為不同的小任務進行處理；第二種是交替完善，某一個工作先由 A 來完成，A 完成後再由 B 來進行補充，B 完成後再返回給 A 進行完善或交給其他人進一步處理。第三種模式是網絡眾籌，即將複雜的任務在公共平台上發佈後由大家共同來完成，每個參與的個體都是主動參與，且個體和個體之間開放所有關於工作的進展，這樣人和人之間就搭建了一個「巴別塔」式的通天之梯。這三種模式中，第一種可以稱為權威模式，第二種可以稱為對等模式，第三種可以稱為網絡模式。權威模式強調領導者的協調，對等模式強調少數合作者之間的信息溝通，網絡模式則展現出社會整體協作、自發合力的結果。

當前發展人工智能的大企業都在開發大型平台，例如谷歌的「TensorFlow 系統」、百度的「阿波羅計劃」等。英偉達和 AMD 兩家儘管都是顯卡的重要提供商，但是相比而言，英偉達在人工智能領域發展的影響力更大。其原因在於，英偉達為人工智能的研究者和開發者提供了一個更好的開放平台。阿里巴巴的快速成長，正是因為其給眾多中小企業提供了電子商務的平台。開源平台的發展，更有利於眾智理念的實施。

第三，合智，即將人工智能和人類智能合在一起發揮作用。現在的多數觀點是將人工智能和人類智能看作相互競爭的關係。這種態度是片面的。用人工智能的發展來比較人類智能，或者按照人類智能的進化規律來發展人工智能，這些思路其實都不太準確。例如，早期飛行器的研究就力圖給人類插上翅膀，這種思路導致了飛行器發展的困境，而人類是在更加深入地理解了空氣動力學的原理之後才在航空上實現了突破。

人工智能的蓬勃發展也依賴於神經網絡等新技術的發展。換言之，人工智能的實現不能完全仿照人類智能的規律。此外，人工智能的進步也不能簡單地與人類的某一技能相比較，因為兩者各自具有自己的優勢。人工智能的獨特優勢包括：

首先，人工智能一旦記憶就不會忘記；其次，它可以在人類難以處理的大數據基礎上運行和計算結果；最後，只要保證能源供應，它就可以永不休止地工作。

　　與之相比，人類的智能同樣有其優勢。人類不僅會記憶，還會忘記。在未來，忘記可能會成為智能的特徵。人類現在已經進入了記憶時代，記憶變成了常態，而遺忘逐漸變為稀缺的資源和權力。同時，人類還具有情感和信仰等感性情緒。信仰和情感把人類變成了一種自發的群體性組織，這也是智人戰勝地球上其他生物、從智人發展到人類並創造輝煌文明的重要原因。除此之外，人類的智能從一開始就是多維度的，而到目前為止，人工智能的發展還很難突破單維度的限制。因此，我們並不應當將人工智能和人類智能放在競爭的模式下進行思考。所謂柯潔被「阿爾法狗」擊敗的這種不同智能相互競爭的敘事，只不過是商業公司謀取商業資源的噱頭而已。在柯潔和阿爾法狗對陣時，谷歌總裁施密特也出現在烏鎮。施密特烏鎮之行的目的，就是希望通過柯潔和阿爾法狗事件，激發人們對谷歌開發的 TPU 的興趣，使中國更多的商業巨頭使用其開發的 TPU 和 TensorFlow 系統。

　　第四，善智，即良善的智能。人工智能發展的目的應該是提高人類社會的生產力，從而為公平正義提供更好的物質基礎，這也就是善智。因此，人工智能的發展不能朝着赫拉利在《未來簡史》中所描述的技術超人控制世界的方向發展。人工智能的發展成果應該惠及全球，而不是為那些少數的技術超人和寡頭企業所壟斷。在此之前，已有許多人工智能的學者關注到這一點，微軟、Facebook 等企業的技術人員成立了「Partnership on AI」聯盟，其宗旨是「造福人類與社會（to benefit people and society）」。

　　然而，這樣的聯盟仍然是比較偏狹的，因為它的參與者主要是這些巨頭公司的技術高管，而更多反映不同利益的群體並未參與到這些討論中。或者說，雖然人工智能的未來將對大多數人造成革命性、顛覆性的影響，但是人們還沒有意識到這些影響的顛覆性。那些看到人工智能發展趨勢的人們大多是技術超人或大公司的高管，他們在未來會牢牢佔據人工智能時代生態鏈的頂端，因此其發言應該是需要大眾審慎地理解和關注的。這也是人文學者應當關注人工智能發展的重要原因之一。

　　需要強調的是，跨、眾、合、善也分別構成了人工智能的四個方向：一是技術趨勢，二是社會趨勢，三是人文趨勢，四是倫理趨勢。

「智能＋」：一種新的認識論和方法論

在未來，人們需要將「智能＋」作為一種新的認識論和方法論。這樣，人們才能從容面對人工智能對人類社會所產生的複雜影響。人工智能就像是一場大浪潮，無論人類如何看待它，它終將顛覆性地席捲人類的整個生活。人類並不是要選擇是否去面對它，而是要選擇如何去應對它，因為這一趨勢是無法逆轉和不可逃避的。此時，人們可能出現如下兩種態度。

第一種態度是消極避讓。但如果人們採取消極避讓的策略，結果可能是最終無處可逃。根據牛津大學的人工智能研究報告，人工智能對人類職業的影響是覆蓋性的。

第二種態度是主動作為，就是將智能看作新的思維方式和行動指南。前文討論過人工智能和人類智能的結合，這種合智是人工智能未來的重要發展方向。人類的各個職業都要考慮與人工智能結合後所產生的新動能。中國政府此前提出的「互聯網＋」就是類似的非常好的實踐——將互聯網和各行各業結合在一起，能夠產生很多新的內容。然而，「互聯網＋」並不能統領未來時代的發展，因為按照許多行業觀察家的說法，互聯網的時代已經終結，一個被冠以物聯網或人工智能的時代正在開始。在這個新的時代，人們需要形成新的思維模式，即「智能＋」思維。

「智能＋」是「互聯網＋」的下一站——更智能的機器、更智能的網絡、更智能的交互將創造出更智能的經濟發展模式和社會生態系統。人工智能是推動互聯網下一輪升級和變革的核心引擎。以人為核心，基於互聯網技術如雲端運算、物聯網、大數據、人工智能等在內的生態與系統而形成的高度信息對稱、和諧與高效運轉的社會生態，是「智能＋」的標誌。

在「智能＋」目標的指引下，人們至少應該形成五類行動要素：

第一，智學，即突破傳統的學習方式，開發新的學習思路和可能性。機器學習的一個重要特徵是並行計算，人類同樣需要向機器學習這種並行合作的模式。當然，智學並不局限於並行學習模式，還需要人們在新的歷史條件下發揮更大的主觀能動性，去創造新的學習模式。

第二，智問。所謂智問有兩點內涵，一是追問人工智能本身的相關問題，二是追問人工智能將對社會產生哪些顛覆性影響。為了使人們的問題意識和智能這一概念緊密地結合在一起，既要通過人工智能尋求解決人類歷史難題的新方案，同時，在對待人工智能影響的問題上也要保持警惕性。

第三，智思，即時刻保持智能的思維方式，要把人類原本的行為特徵和智能結合在一起。只有將「智能＋」貫穿到人類思維的每一個角落，人們才能塑造人工智能時代的新的行為特徵。

第四，智辯。人工智能自身發展的重要問題是算法黑箱。不過，有研究似乎說明，人工智能也可以接近人類的理性規則，並提供計算的結果。針對算法黑箱所帶來的算法獨裁，人們需要圍繞人工智能進行社會的大辯論，並且讓每一個受人工智能影響的人都能夠理性地參與其中，也就是要使人工智能發展的前途掌握在廣大的人民大眾手中，而不是技術超人手中。

第五，智行。智能發展的最終落腳點是行動。智行的要點是發揮智能對生產力的推動效應，要讓智能的發展為人類歷史難題的解決提供新的思路，包括環境污染、交通擁堵等問題。

結語：人工智能潛能的運用與馴服

儘管西方學者就人工智能對人類未來的影響多數持悲觀的態度，認為人工智能最終會將人類帶入一種覆滅的境地，筆者卻對人工智能的發展持有一種謹慎樂觀的態度。人工智能作為第四次技術革命的核心，具有進一步增強人類社會生產力的巨大潛力。如果人類運用好這一潛能，困擾人類的溫飽、疾病等問題都可以迎刃而解。因此，人工智能是人類未來發展的重要希望之一。但與此同時，人工智能的發展也加劇了人類社會的風險，特別是人工智能的資源積聚在少數寡頭公司和技術超人手中的風險。好的人工智能就是善智，是運用智能的力量對社會的生產力進行進一步的賦權，同時進一步實現公平正義。在未來，人們不僅要養成智能思考的習慣，而且要將「智能＋」作為一種內化於心的認識論和方法論，這樣才能更為深刻地理解人工智能，並最終馴服賽維坦這一巨獸。

主要參考文獻

[美] 安德雷斯．韋思岸:《大數據和我們:如何更好地從後隱私中獲益?》,
　　胡小悦譯,北京:中信出版集團,2016 年。

[美] 艾伯特拉斯洛．巴拉巴西:《爆發:大數據時代預見未來的新思維》,
　　馬慧譯,北京:中國人民大學出版社,2014 年。

[美] 埃里克．布林約爾松、安德魯．麥卡菲:《與機器賽跑》,閻佳譯,北
　　京:電子工業出版社,2014 年。

[美] 埃里克．布萊恩約弗森、安德魯．麥卡菲:《第二次機器革命》,蔣永
　　軍譯,北京:中信出版集團,2015 年。

[法] 埃米爾．涂爾幹:《社會分工論》,渠敬東譯,北京:生活．讀書．新
　　知三聯書店,2017 年。

[美] 彼得．德魯克:《巨變時代的管理》,洪世民、趙志恆譯,上海:上海
　　譯文出版社,2015 年。

[加] 彼得．諾瓦克:《人類 3.0:不斷進步升級的人類》,楊煜東譯,北京:
　　電子工業出版社,2016 年。

[英] 霍布斯:《利維坦》,黎思復、黎廷弼譯,北京:商務印書館,1985 年。

［美］凱文‧凱利：《失控》，陳新武等譯，北京：新星出版社，2011 年。

［美］凱文‧凱利：《必然》，周峰、董理、金陽譯，北京：電子工業出版社，
　　2016 年。

［美］雷‧庫茲韋爾：《奇點臨近》，李慶誠、董振華、田源譯，北京：機械
　　工業出版社，2011 年。

［美］雷‧庫茲韋爾：《人工智能的未來》，盛楊燕譯，杭州：浙江人民出版
　　社，2016 年。

［美］理查德‧福斯特、莎拉‧卡普蘭：《創造性破壞》，唐錦超譯，北京：
　　中國人民大學出版社，2007 年。

李開復、王詠剛：《人工智能》，北京：文化發展出版社，2017 年。

［美］瑪蒂娜‧羅斯布拉特：《虛擬人》，郭雪譯，杭州：浙江人民出版社，
　　2016 年。

［美］馬爾庫塞：《單向度的人》，劉繼譯，上海：上海譯文出版社，2016 年。

［德］馬克思：《資本論》，北京：人民出版社，2004 年。

［德］馬克思、恩格斯：《馬克思恩格斯選集》，北京：人民出版社，1972 年。

［美］尼葛洛龐帝：《數字化生存》，胡泳、范海燕譯，海口：海南出版社，
　　1997 年。

［美］喬治‧埃爾頓‧梅奧：《工業文明中的社會問題》，時勘譯，北京：機
　　械工業出版社，2016 年。

［美］托斯丹‧邦德‧凡勃倫：《有閒階級論》，蔡受百譯，北京：商務印書
　　館，1964 年。

吳軍：《智能時代》，北京：中信出版集團，2016 年。

［以］尤瓦爾‧赫拉利：《人類簡史》，林俊宏譯，北京：中信出版社，2014 年。

［以］尤瓦爾‧赫拉利：《未來簡史》，林俊宏譯，北京：中信出版社，2017 年。

［美］約翰‧羅爾斯：《正義論》，何懷宏等譯，北京：中國社會科學出版社，
　　1988 年。

[美] 約翰‧羅爾斯：《作為公平的正義——正義新論》，姚大志譯，上海：
上海三聯書店，2002 年。

[美] 約瑟‧熊彼特：《經濟發展理論：對於利潤、資本、信貸、利息和經濟
週期的考察》，何畏、易家詳等譯，北京：商務印書館，1991 年。

[美] 詹姆斯‧巴拉特：《我們最後的發明》，閆佳譯，北京：電子工業出版
社，2016 年。

Benedict Anderson, *Imagined Communities: Reflections on the Origin and
Spread of Nationalism*, London and New York: Verso Press, 1991.

Claire Colebrooke, *Philosophy and Post-structuralist Theory: from Kant to
Deleuze*, Edinburgh: Edinburgh University Press, 2005.

Daniel Kahneman, Paul Slovic, and Amos Tversky, *Judgment under
Uncertainty: Heuristics and Biases*, Cambridge: Cambridge University
Press, 1982.

Erik Brynjolfsson, Andrew McAfee, *Race Against the Machine*, MA: Digital
Frontier Press, 2011.

Giorgio Agamben, *Homo Sacer: Sovereign Power and Bare Life*, trans. by
Daniel Heller Roazen, Stanford: Stanford University, 1988.

Giorgio Agamben, *Remnant of Auschwitz: The Witness and the Archive*, trans.
by Daniel Heller-Roazen, New York: Zoon Books, 1999.

Hans Moravec, *Mind Children*, Cambridge: Harvard University Press, 1988.

James Fishkin and Bruce Ackerman, *Deliberation Day*, New Haven and
London: Yale University Press, 2004.

Jerry Kaplan, *Humans Need not Apply: a Guide to Wealth and Work in the
Age of an Artificial Intelligence*, New Haven & London: Yale University
Press, 2015.

Judith Shklar, *Ordinary vices*, London: Belknap Press of Harvard University Press, 1985.

Luther H. Martin, Huck Gutman and Patrick H. Hutton, *Technologics of the Self: A Seminar with Michel Foucault*, London: Tavistock, 1988.

Max Delbrück, *Mind from Matter? An Essay on Evolutionary Epistemology*, London: Blackwell, 1986.

Michel Foucault, *Discipline and Punish: The Birth of the Prison*, trans. by Alan Sheridan, New York: vintage books, 1991.

Phil Mcnally and SohailI Inayatullay, *The Right of robots Technology, Culture and Law in the 21st Century*, Oxford: Butterworth & Co. (Publishers) Ltd, 1988.

Robert Dahl, *A Preface of Economy Democracy*, Cambridge: Polity Press, 1985.

Robert Nozick, *Anarchy, State and Utopia*, New York: Basic Books,1974.

Robert Putnam, *Bowling Alone: The Collapse and Revival of American Community*, Washington: The Brookings Institution Press, 1999.

後記

本書的寫作源於兩個問題。

第一個問題是：人工智能對未來的影響究竟有多大？吳軍的觀點對筆者觸動很大。在他那本《智能時代》的封面上，吳軍寫下一行字：「2% 的人將控制未來，成為他們或被淘汰。」筆者剛看到這句話時，身體陡然一顫。吳軍的觀點並不僅僅是他個人的看法，許多人工智能領域的科學家、工程師和投資人都有類似的觀點。譬如，圖靈獎得主約翰‧霍普克羅夫特（John Hopcroft）認為，「未來只有 25% 的人需要工作，人們 45 歲便可退休」。熟悉人工智能技術的人大都同意這一觀點，因為他們知道，人工智能具有改變世界的強大力量。然而，這樣的觀點如果被人文社會科學學者看到，必然引起一陣譁然。記得在上海第二屆「讀懂世界」論壇上，當筆者談到吳軍這一觀點時，現任中國社會學會會長的李友梅老師既着急又憤怒地說道：「如果真像這些技術超人說的那樣，那些憤怒的失業者必將砸毀這些機器。」也就是說，那些人工智能專家眼中再尋常不過的事情，在人文社會科學學者看來是完全不能接受的。所以筆者希望在人工智能的科學技術與社會效應之間構

建橋樑，讓那些將受到人工智能衝擊的人們知道技術會帶來的變化，並參與到影響他們未來的這一過程當中。

第二個問題是：為甚麼西方的諸多大咖對人工智能發展的未來非常憂慮，卻不採取任何積極的行動來阻止這一進程？其中最典型的人物便是埃隆·馬斯克。馬斯克本人是人工智能技術發展的重要推手，他創辦的特斯拉公司就是無人駕駛領域最領先的汽車製造商，他投資的 OpenAI 也是全球最領先的人工智能研發機構。但是，馬斯克又滿世界宣稱人工智能的發展將帶來世界末日。對於人工智能發展的悲觀前景是西方學者最為常見的判斷，斯蒂芬·霍金、比爾·蓋茨、凱文·凱利、尤瓦爾·赫拉利等人都是如此。那麼問題便是，既然人工智能發展的未來是世界末日，人類為甚麼不停下來呢？

這兩個問題驅動筆者展開一系列思考，例如人工智能對未來職業發展的影響、徵收人工智能稅的可能、共產主義在人工智能時代的可能性、人工智能與人類的主奴辯證法等，筆者嘗試用本書的討論來回答這些具體議題。當然，對這兩個問題進行回答是非常困難的，因為我們都無法準確預測未來會如何，只能對未來的前景做出推斷並提出建設性的建議。在筆者看來，科學原來是幫助人們走出愚昧與黑暗的、溫文爾雅的賽先生，現在卻正轉變成一個無處不在、能量巨大的「賽維坦」，就像霍布斯當年描述的那個無所不在又能量巨大的利維坦（政府之隱喻）一樣。相比之下，科學對人類生活的影響更具顛覆性，並且人們無法拒斥這個力量。這就像是人們被拋入洪流中，只能飄來飄去、隨波逐流。「賽維坦」的工作機制是一種填充機制，即以技術的革新和迭代，不斷填充人們的閒暇時間，因為這種填充，人們被捲入技術更新的洪流之中。但填充導致的不是人們的滿足，而恰恰是一種虛無。筆者曾在《填充與虛無：生命政治的內涵及其擴展》一文中對此做過討論。

人工智能無疑是「賽維坦」重要的面向和動力，或者說，人工智能就是今天的「賽維坦」。因此，當代的社會科學學者首先要加入馴服「賽維坦」的這一過程之中。為此筆者提出「善智」的概念，也就是良善的智能，具體

來說，我們要去思考：人類發展人工智能的目的是甚麼？發展人工智能的目的是促進社會的公平正義，推動人的全面發展，而不是將人類社會帶入世界末日的深淵中去。從這個意義上考慮，如果人工智能的未來掌握在少數人工智能巨頭公司和技術超人手中，這種技術發展將十分危險。因為，他們往往不會完整地考慮人工智能對未來社會的顛覆性影響。

同樣是從這個意義出發，中國恰恰具備大力發展人工智能的道義立場。因為中國的發展更多是整體性的發展，要讓發展的成果惠及每一個人，「全面建成小康社會」和「精準扶貧」就是最好的例證。因此，中國發展人工智能，是希望人工智能的成果可以進一步推進和實現人的全面發展，消除發達國家和發展中國家之間的鴻溝。因此，中國不僅要發展已有的人工智能技術，還要發展人工智能的理論，這一點在國務院印發的《新一代人工智能發展規劃》中已經提出。筆者認為，這裡的理論不僅是人工智能的科學技術理論，還是一種社會理論，即從國家治理和全球治理的角度，考慮人工智能對中國乃至全世界帶來的中長期的影響，並最終實現全球善智基礎上的全球善治。

本書的完成首先要感謝與筆者相識的人工智能領域的自然科學家、社會科學家以及企業家朋友等。2017 年 8 月 28 日，筆者負責的華東政法大學政治學研究院與上海市社會科學界聯合會《探索與爭鳴》雜誌社聯合發起了一場主題為「人工智能與未來社會：趨勢、風險與挑戰」的研討會，與會的中科院自動化所王飛躍教授、北京大學電腦系主任陳鐘教授、中國社科院哲學所段偉文教授、清華大學電腦系副主任陳文光教授、北京師範大學新聞傳播學院喻國明教授、四川大學法學院左衛民教授、上海交通大學科學史與科學文化研究院院長江曉原教授、上海師範大學哲學與法政學院何雲峰教授、上海交通大學電子信息學院熊紅凱教授、上海交通大學凱原法學院鄭戈教授、華東師範大學政治學系吳冠軍教授、復旦大學哲學學院徐英瑾教授、上海社科院哲學所成素梅教授、上海大學社會學系顧駿教授、寬資本董事長吳新、

微軟亞太區副總裁王楓、零點研究諮詢集團董事長袁岳等都給予了大力支持，使得自然科學和社會科學學者能夠在人工智能的未來影響這一問題上進行對話。在此，筆者要對《探索與爭鳴》葉祝弟主編與杜運泉編輯表示誠摯的感謝，會議的順利召開離不開葉主編和杜編輯的辛勤付出。

此外，筆者還要感謝上海市大數據社會應用科學研究會的發起人朋友，他們分別是上海交通大學凱原法學院副院長楊力教授、復旦大學大數據學院副院長吳力波教授、上海財經大學城市與區域科學學院副院長張學良教授、上海對外經貿大學工商管理學院院長齊佳音教授。我們這個組織是在上海市委宣傳部副部長、上海市社聯黨組書記燕爽同志的支持下成立的，在此特別感謝。

同時，在此筆者要感謝四位授業恩師：俞可平教授、沈丁立教授、李路曲教授和丁建順教授。俞老師和李老師是政治學領域的大家，沈老師是國際問題領域的大家，三位老師的全球視野、治學態度、求學精神都不斷地激勵我在新的研究領域中艱難並快樂地前行。丁老師是我的國學老師，他對中國文化的深入理解幫助我在思考人工智能問題時打開了一扇新的窗戶。這裡還要特別感謝徐達華先生。徐先生是我生命中的貴人，徐先生特別強調中華文明的世界意義，這使我更加深刻地認識到中國文化對於人工智能社會理論構建的特殊意義。

筆者還要對華東政法大學各方面的領導表示感謝。華東政法大學的曹文澤書記、葉青校長、應培禮副書記、顧功耘副校長、林燕萍副校長、閔輝副校長、唐波副校長在工作上給予了我非常多的指導和幫助。

學校各職能部門和各學院的領導如曲玉梁主任、戴瑩處長、劉丹華部長、鄒榮處長、夏菲處長、楊忠孝處長、洪冬英院長、張明軍院長、孫萬懷處長、周立表處長、孫黎明處長、陳金釗院長、崔永東主任等都對我幫助多多。這裡一併表示由衷的感謝。

感謝華政電腦專業的同事對我的人工智能研究提供的支持和幫助，在此

要特別感謝王永全副院長和劉洋老師。在王老師、劉老師以及電腦專業的同學們的鼎力支持下，我們開始探索諮詢機械人的技術實踐，這讓筆者在社會科學的研究之外還能親自實踐運用人工智能技術改變社會的可能。感謝政治學研究院的團隊，包括闕天舒副教授、王金良副教授、游騰飛副教授、嚴行健副教授、吉磊講師、朱劍講師、杜歡講師。我們的研究院像一個年輕的大家庭，在理想和信念的支撐下，在團結和緊張的氣氛下，大家在困難中快樂地前行。我們院的研究生也是這個大家庭的成員，他們承擔了院裡大量的行政工作和數據整理工作。他們包括李陽、張劍波、李松、龔昊旻、盧夢琳、郝巧英、周變霞、武宇琪、王楊、劉秀梅、張結斌、張鵬、李歡、王威、孫藝軒、孟必康、潘顯明、江培、靳豔霞、楊靖新、馬俊英、李虹、闕天南、張紀騰、呂俊延、趙喬等。

感謝我的妻子、女兒和兩方父母。妻子張憲麗在繁重的工作之餘，承擔了大量的家務工作，特別是對女兒的養育和教導。憲麗的專業是社會學和法學，她經常用這兩個領域的知識與我對話，使得我可以在較為開闊的知識背景下理解人工智能。女兒高墨涵在聽到我們關於人工智能的討論後，對未來人工智能的發展產生了更多的憂慮，並立志以後要阻止人工智能統治人類，這也是激發我思考的一種方式。我的父母（諱高玉明和宋俊香）幫我們分擔了絕大多數的家庭工作，使我可以有較為充裕的時間投入在人工智能的研究中。

在這本著作的編輯和出版過程中，筆者得到了出版社編輯趙斌瑋老師和楊揄熹老師的鼎力幫助。他們嚴謹的編輯態度、對文字精準的要求，讓我受益匪淺。

在此，我謹向所有曾經給予我支持和幫助的老師、領導、同仁、朋友和家人，表示衷心的感謝！

高奇琦

2017 年 9 月 8 日於復地香堤苑

責任編輯	洪永起
書籍設計	林　溪
排　　版	周　榮
印　　務	馮政光

書　　名	人工智能：馴服賽維坦
作　　者	高奇琦
出　　版	香港中和出版有限公司 Hong Kong Open Page Publishing Co., Ltd. 香港北角英皇道 499 號北角工業大廈 18 樓 http://www.hkopenpage.com http://www.facebook.com/hkopenpage http://weibo.com/hkopenpage
香港發行	香港聯合書刊物流有限公司 香港新界大埔汀麗路 36 號 3 字樓
印　　刷	中華商務彩色印刷有限公司 香港新界大埔汀麗路 36 號中華商務印刷大廈
版　　次	2019 年 5 月香港第 1 版第 1 次印刷
規　　格	16 開（168mm×230mm）228 面
國際書號	ISBN 978-988-8570-23-2
	© 2019 Hong Kong Open Page Publishing Co., Ltd. Published in Hong Kong

本書為上海交通大學出版社有限公司授權香港中和出版有限公司在中國大陸以外地區出版發行的繁體字版本。